Rätselhexe 

Die schönsten Geschichten für die Vorschule

gondolino

Reihenlogo und Rätselhexen-Entwurf: Angelika Stubner
Coverillustration: Sigrid Leberer
ISBN: 3-8112-2563-4

003

Der Umwelt zuliebe gedruckt auf chlorfrei gebleichtem Papier.

5 4 3 2 1

Inhalt

Polli probiert Schokolade

„Heute will ich einen Schokoladenkuchen backen!“, beschließt Polli. Sie backt nämlich den weltallerbesten Schokoladenkuchen.
Polli zieht ihren nassen Bikini aus und bindet sich eine Küchenschürze um. Sie holt die Backform, die Rührschüssel und den Mixer aus dem Schrank.

„Mal überlegen“, sagt sie. „Was brauche ich noch?“
Polli holt Eier aus dem Kühlschrank. Sie wiegt Mehl, Butter und Zucker ab. Dann verrührt sie alles mit dem Mixer. Fertig ist der Kuchenteig.
Aber halt!, denkt Polli plötzlich. Für einen Schokoladenkuchen fehlt natürlich noch etwas. Das Wichtigste: ganz viel Schokolade nämlich.
Polli sucht im Kühlschrank. Da findet sie eine Tafel Schokolade.
Ob die noch gut ist?, denkt Polli zweifelnd. Ich probiere lieber mal.
Aber als Polli zu Ende probiert hat, ist die Tafel Schokolade aufgegessen. Polli sucht im Vorratsschrank. Da findet sie noch eine Tafel Schokolade.
Ob die noch gut ist?, denkt Polli wieder. Ich probiere lieber mal.
Als Polli zu Ende probiert hat, ist die Tafel Schokolade aufgegessen.
Polli sucht im Kleiderschrank. Da findet sie noch eine Tafel Schokolade.
Ob die noch gut ist?, denkt Polli wieder. Ich probiere lieber mal.
Als Polli zu Ende probiert hat, ist die Tafel Schokolade aufgegessen.
„Schon alles aufgegessen?“, fragt Polli enttäuscht. „Das kann doch nicht sein! Ich bin sicher, dass ich nochmal fünf Tafeln Schokolade hatte! Wo habe ich die nur hingelegt?“

Kannst du Polli suchen helfen? Kreise die Schokoladentafeln auf dem Bild ein.

Ob das alles stimmt?

Störche fliegen jedes Jahr dorthin, wo es auch im Winter immer schön warm ist. Als Polli gerade Wäsche aufhängt, landet ein Storch auf dem Rasen.
„Uff!“, stöhnt der Storch. „Darf ich mich hier ein wenig ausruhen?“
„Natürlich“, sagt Polli, „du kommst sicher von weit her. Leg dich doch in meinen Liegestuhl und schlaf. Und wenn du ausgeschlafen hast, erzählst du mir, was du unterwegs alles erlebt hast.“
Der Storch schläft lange. Polli wird schon ganz ungeduldig. Inzwischen hat sie schon die Wäsche abgenommen, einen Kuchen gebacken und den Tisch gedeckt. Endlich wacht der Storch auf.
Er reckt sich und gähnt. Dann sieht er den Kuchen und setzt sich gleich an den gedeckten Tisch.
„Erzähl doch!“, drängt Polli.
„Ich bin so hoch und so weit geflogen, dass ich unterwegs keine anderen Vögel getroffen habe. Mir sind nur ein Flugzeug und ein fliegender Wal begegnet“, nuschelt der Storch mit dem Schnabel voller Kuchen.
„Wirklich?“, fragt Polli ungläubig. „Ein fliegender Wal?“
Der Storch nickt. „Und als ich über das große Meer geflogen bin, tauchte plötzlich ein eisernes Boot aus dem Wasser auf, ein U-Boot. Das fährt nicht auf dem Wasser, sondern untendrunter.

Ein andermal bin ich auf einer Wiese gelandet, auf der lauter Glockenblumen wuchsen, die sofort ganz laut gebimmelt haben. Das war vielleicht ein Krach!“
Polli sieht den Storch zweifelnd an. Ein Flugzeug, ein fliegender Wal, ein U-Boot und Glockenblumen, die laut bimmeln – ob das alles wirklich stimmt? Oder hat der Storch manchmal ein bisschen geschwindelt?

Kreuze an, was hier nicht stimmt. Dann kannst du das Bild farbig anmalen.

Besuch bei Gerda

Polli hat eine große Schüssel mit Wackelpudding gemacht. Mit drei Farben. Ganz unten ist gelber Wackelpudding, der schmeckt nach Zitrone. Den isst die Giraffe Gerda am liebsten. Dann kommt eine Schicht roter Wackelpudding, der nach Himbeere schmeckt. Und ganz oben ist eine Schicht grüner Wackelpudding, der schmeckt nach Waldmeister.
Polli packt die Glasschüssel mit dem Wackelpudding in ihren Korb und geht los. Sie will ihre Freundin Gerda besuchen. Unterwegs kommt sie bei Willi Warzenschwein vorbei. Willi hat eine Sonnenbrille auf und liegt in einem Liegestuhl vor seinem Haus.

„Hallo Polli, wohin des Weges mit dem guten Wackelpudding?“, fragt Willi.
„Ich gehe Gerda besuchen“, antwortet Polli. „Komm doch mit.“
„Gerne“, sagt Willi. Er holt eine Schüssel Obstsalat aus seiner Küche und kommt mit. Unterwegs kommen Polli und Willi bei Erwin, dem Gorilla, vorbei. Er sitzt in seinem Garten unter einem Baum und schält sich eine Banane.
„Hallo, ihr zwei. Wohin des Weges mit dem guten Wackelpudding und dem leckeren Obstsalat?“, fragt Erwin.
„Wir gehen Gerda besuchen“, antwortet Polli. „Komm doch mit.“
„Gern“, sagt Erwin. Er holt ein großes Stück Käse und einen Laib Brot aus seiner Küche und kommt mit.
Als sie an eine Kreuzung kommen, sagt Willi: „Zu Gerdas Haus geht es nach links.“
„Nein“, behauptet Erwin, „wir müssen nach rechts.“
„Unsinn“, widerspricht Polli, „Wir müssen geradeaus.“

Wer von den Dreien hat denn nun Recht? Zeichne den richtigen Weg ein.

Konrad will ans Meer

„Wollen wir morgen in Urlaub fahren?“, fragt Polli ihre Freunde.
„Oh ja“, ruft Gerda begeistert, „wir fahren in die Stadt, wohnen in einem schicken Hotel und gehen jeden Tag einkaufen ...“
„In die Stadt?“, wiederholt Polli entsetzt, „jeden Tag einkaufen? Das klingt ja furchtbar!“
„Dann eben nicht“, sagt Gerda ein wenig beleidigt, „dabei sind Ferien in der Stadt am allerschönsten!“
„Für mich sind Ferien in der Stadt auch nichts“, sagt Erwin, „lass uns ins Gebirge fahren. Wir klettern jeden Tag auf einen Berg ...“
„Klettern? In die Berge?“, sagt Gerda entsetzt. „Nein, so habe ich mir meine Ferien nicht vorgestellt.“
„Pah!“, sagt Erwin. „Dabei sind Ferien in den Bergen das Allerschönste!“
„Lasst uns in die Wüste fahren!“, schlägt Willi vor. „Dort kann man den ganzen Tag im Sand spielen ...“
„Lieber nicht“, sagt Erwin. Ihm rinnt schon bei dem Gedanken an den heißen Wüstensand der Schweiß von der Stirn.
„Wollt ihr in diesem Jahr wirklich alle woanders Ferien machen?“, fragt Konrad enttäuscht.
Natürlich wollen die Freunde zusammen ihre Ferien verbringen. Aber außer Willi will niemand in die Wüste, außer Gerda will niemand in die Stadt, und außer Erwin will niemand in die Berge.
„Was bleibt dann noch?“, überlegt Konrad. „... das Meer! Warum fahren wir nicht ans Meer? Da können wir schwimmen, Sandburgen bauen, segeln, tauchen, Ball spielen ...“

Ferien am Meer finden auch Gerda, Willi, Erwin und Polli gut. Die fünf Freunde gehen gleich nach Hause, um Koffer zu packen. Aber Polli weiß nicht, was sie einpacken soll.

Kannst du ihr helfen? Welche Sachen braucht Polli für die Ferien am Meer? Kreuze sie an, und male das Bild farbig aus.

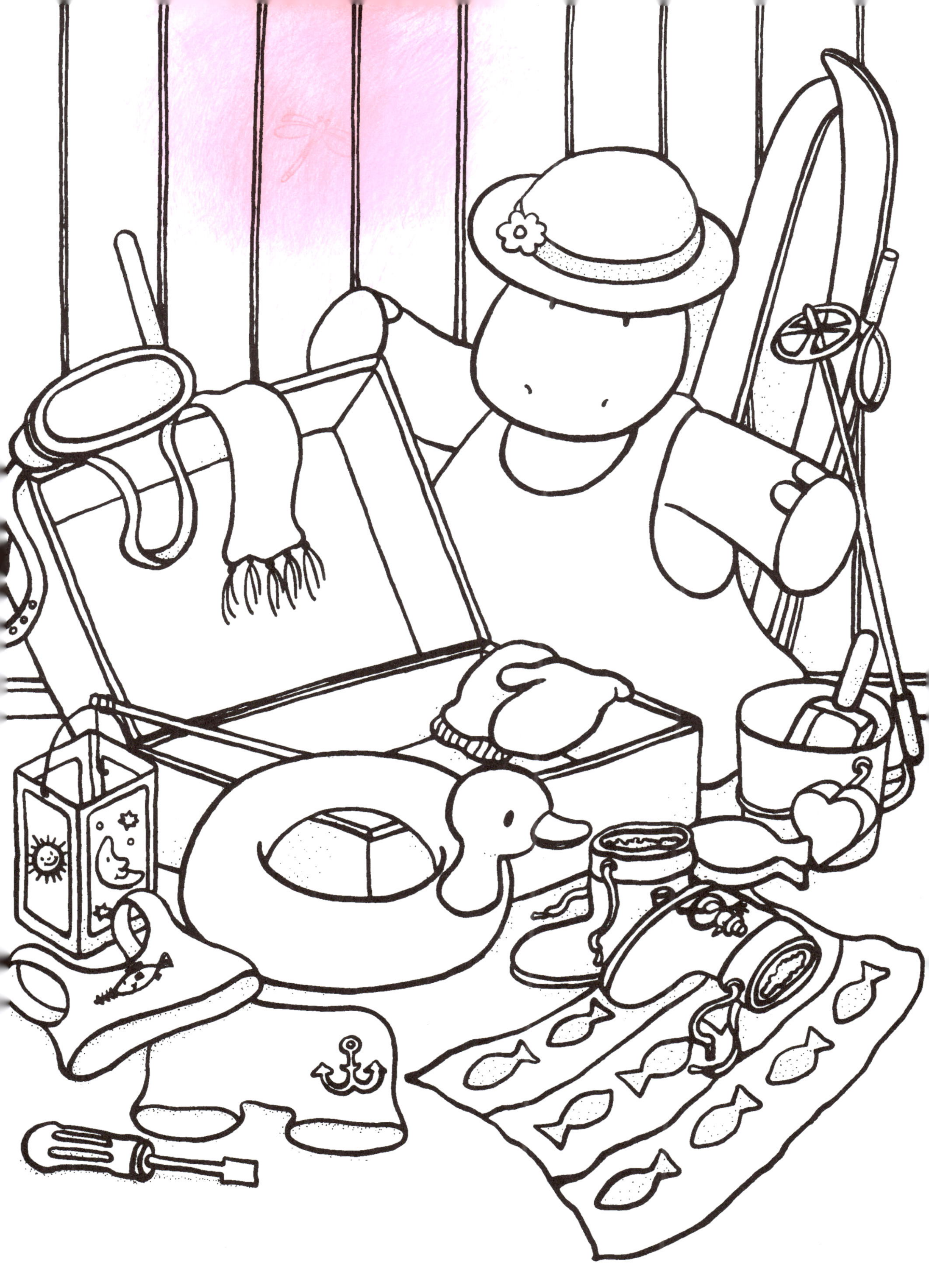

Das Geburtstagsfest

Polli deckt den Tisch im Garten. Sie hat heute Geburtstag. Im Kühlschrank steht eine Torte, und das Kühlfach ist voller Eiskrem. Aber das gibt es beides erst nachher, wenn Gerda, Erwin, Willi und Konrad zum Frühstück kommen.
Als Erste kommen Gerda und Willi. Sie haben Polli eine Käfertaschenlampe mitgebracht. Konrad bringt für Polli ganz viele bunte Luftballons mit.

Jetzt fehlt nur noch Erwin. Alle haben schon ganz schrecklich großen Hunger. Aber Erwin kommt und kommt nicht.
„Wollen wir Erwin nicht einfach ein Stück Kuchen aufheben und schon mal anfangen?“, fragt Gerda.

Damit sind alle einverstanden. Polli geht ins Haus, um ihre Geburtstagstorte aus dem Kühlschrank zu holen. Aber – oh Schreck! – auf dem Rasen stolpert sie über einen Maulwurfshügel, und die Torte fliegt in hohem Bogen in den See.
„Meine Torte!“, jammert Polli.
Aber die haben die Fische ruck, zuck aufgegessen.
Als Erwin endlich kommt, sitzen Polli und ihre Freunde ganz niedergeschlagen und mit knurrendem Magen um den Tisch. Gerda erzählt Erwin traurig, was passiert ist.
Erwin grinst. Er reicht Polli zwei große, runde Schachteln und sagt: „Pack mal aus!“
In den Schachteln, die Erwin mitgebracht hat, sind zwei riesige Torten. Jetzt wird das Geburtstagsfest doch noch richtig toll.
Nach dem Torten-Frühstück spielen die Freunde Sackhüpfen, Topfschlagen und Luftballontanzen. Und zum Mittagessen gibt es Eiskrem.
Leider sind Pollis Fotos vom Geburtstagsfest ein wenig durcheinander geraten.

Kannst du die Geburtstagsfotos wieder in die richtige Reihenfolge bringen?

5
5

Erwins Eis bekommt Beine

Im Garten von Erwin, dem Gorilla, stehen ganz viele Orangen- und Zitronenbäume. Denn, abgesehen von Bananen, sind Orangen und Zitronen Erwins Lieblingsfrüchte. Jedes Jahr, wenn die Orangen und Zitronen reif sind, macht Erwin ein großes Zitrusfrüchte-Fest.
Dann gibt es Zitronenlimonade, Orangenmarmelade, Orangenkekse, Zitronenkuchen, kandierte Orangen und als Höhepunkt des Festes: Erwins unschlagbares Zitroneneis, auf das Polli und ihre Freunde sich schon das ganze Jahr lang freuen.
„Wann gibt es endlich Zitroneneis?“, fragt Willi.
„Gleich“, antwortet Erwin. Er holt das Eis aus dem Kühlschrank und stellt es auf die Picknickdecke. „Wer von euch bekommt zuerst?“
Alle wollen zuerst von Erwins leckerem Eis haben, und während die Freunde noch darum rangeln, wer sich zuerst nehmen darf, bewegt sich die Schüssel mit dem Zitroneneis. Ja, wirklich! Das Zitroneneis schleicht sich ganz heimlich, still und leise von der Picknickdecke.
Seit wann hat Zitroneneis Beine? Das kann nicht mit rechten Dingen zugehen! Ist da etwa ein unsichtbarer Dieb? Oder gar ein Gespenst?
„Hilfe!“, ruft Polli erschrocken. „Gespenster! Räuber! Geister!“
„Das sind keine Geister!“, ruft Erwin. „Geister gibt es nicht!“
Er rennt dem Eis hinterher und hebt die Schüssel hoch. Es sind tatsächlich keine Geister, die das Zitroneneis klauen wollten, sondern Ameisen.

„Das sind ja lauter Zwillingsameisen“, ruft Gerda erstaunt.
„Nicht alle“, sagt Willi, der genau hingesehen hat. Er hat Recht. Eine Ameise hat keinen Zwillingspartner.

Findest du heraus, welche? Kreise die Ameise ein, und male das Bild besonders schön an.

Wo sind sie bloß?

Polli spielt für ihr Leben gerne Verstecken. Sie findet auch immer die allerbesten Verstecke. Obwohl sie ziemlich groß ist, kann sie sich so gut verstecken, dass ihre Freunde sich immer sehr anstrengen müssen, um sie zu finden.
Einmal hat sie sich im See zwischen dem Schilf versteckt. Sie ist unter Wasser getaucht, sodass nur ihre Augen und Ohren herausgeschaut haben. Willi Warzenschwein, der mit Suchen dran war, hat Erwin gefunden, er hat Gerda gefunden, und er hat Konrad gefunden – aber Polli nicht.
„Komm heraus, Polli“, hat Willi schließlich gerufen. „Ich gebe auf.“
Da war Polli aufgetaucht und hat sich riesig gefreut, dass Willi sie nicht hatte finden können.
Ein andermal hatte Polli sich im Schlamm gewälzt und sich zwischen grauen Felsen versteckt. Sie ist ganz ruhig stehen geblieben, sodass sie selbst fast wie ein Felsen aussah. Und obwohl Erwin, der gerade mit dem Suchen dran war, einige Male ganz dicht an ihr vorbeigegangen ist, hat er sie nicht bemerkt.
„Komm heraus, Polli“, hat Erwin schließlich gerufen. „Ich gebe auf.“
Da war Polli hervorgekommen und hat sich riesig gefreut, dass Erwin sie nicht hatte finden können.
Diesmal muss Polli suchen. Sie schaut am See zwischen dem Schilf nach. Da findet sie niemanden.
Sie schaut zwischen den grauen Felsen. Auch dort findet sie niemanden.

„Wo haben Erwin, Gerda, Konrad und Willi sich bloß versteckt?“, überlegt Polli.
Als sie gerade aufgeben will, entdeckt sie Spuren auf dem Boden. Polli folgt den Fußabdrücken, und die führen sie direkt zu den Verstecken ihrer Freunde.

Na, wo haben sich die Vier versteckt? Folge den Spuren.

Polli geht Bananen pflücken

Dort, wo Polli und ihre Freunde wohnen, gehen die Leute nicht zum Pilzesammeln in den Wald, sondern zum Bananenpflücken. Denn dort wachsen die Bananen auf hohen Bäumen – wie bei uns die Äpfel oder die Birnen.

Wenn man Bananen pflücken will, muss man unbedingt klettern können.
Polli isst Bananen fast so gerne wie Schokoladenkuchen. Aber sie kann sich leider selbst keine Bananen pflücken, weil sie nicht klettern kann. Deshalb hat Polli sich zum Bananenpflücken mit ihrem Freund Erwin verabredet.
Erwin ist ein Gorilla, er kann klettern wie kein Zweiter, und er hat versprochen, heute für Polli Bananen zu pflücken.

Die beiden wollten sich direkt unter dem großen Bananenbaum im Wald treffen.
Erwin ist noch nicht da. Also setzt Polli sich hin und wartet. Da fällt neben Polli eine Blume ins Gras.
Wie hübsch, denkt Polli und steckt sich die Blume hinters Ohr.
Nach einer Weile segelt Polli eine lange bunte Feder vor die Füße.
Wie hübsch, denkt Polli und steckt sich auch diese Feder hinters Ohr. Jetzt sehe ich fast aus wie eine Indianerin.
Nach einer Weile fällt Polli eine Banane in den Schoß.
„Hey!“, ruft Polli. „Bist du das, Erwin? Bist du doch schon da und hast dich nur versteckt?“
Plötzlich kichert jemand hoch oben im Baum.
„Ich bin nicht Erwin!“, krächzt eine raue Stimme. Nein, das ist wirklich nicht Erwins Stimme.
Überrascht schaut Polli nach oben.

Wenn du die kleinen Bilder in der Reihenfolge verbindest, in der sie auf der Leiste unter dem Bild aufgemalt sind, findest du heraus, wen Polli hoch oben im Baum entdeckt. Male das Bild danach in den schönsten Farben an.

Die allertollste Sandburg

Polli und Willi sitzen im Garten und kleben Urlaubsfotos in Fotoalben.
Konrad, Willi, Gerda, Erwin und Polli haben zusammen Ferien gemacht. Sie hatten viel Spaß. Sie sind jeden Tag schwimmen gegangen, und Polli hat Erwin sogar das Tauchen beigebracht.
Willi hält ein Bild von Erwin mit Tauchermaske, Schnorchel und Schwimmflossen hoch: „Erinnerst du dich, wie sehr Erwin sich das erste Mal gesträubt hat, mit dir ins Wasser zu kommen?“
Polli nickt. „Ja. Und am Ende wollte er nicht mehr aus dem Wasser herauskommen. Jetzt kann er fast so gut tauchen wie ich.“
Polli klebt ein Bild von Gerda ein, auf dem sie gerade eine besonders schöne Muschel am Strand gefunden hat. Gerda hatte am Ende der Ferien die schönste Muschelsammlung von allen.
„Weißt du noch“, sagt Polli kichernd, „Gerda hat sich diese Muschel ans Ohr gehalten, um uns zu zeigen, wie man das Meer in einer Muschel rauschen hören kann. Da hat der Einsiedlerkrebs, der in der Muschel wohnte, sie kräftig ins Ohr gezwickt.“

Willi lacht auch. „Gerda hat diese Muschel ganz schnell wieder ins Meer geworfen“, erinnert Willi sich.

„Schau mal“, ruft er, „hier habe ich ein Bild von der tollen, großen Sandburg, die wir am letzten Tag gebaut haben!“
Polli schaut auf. „Das gleiche Bild habe ich auch!“, sagt sie. Sie sucht unter ihren Fotos und legt ihr Bild neben das von Willi.
„Sieh mal, es ist genau dasselbe Bild!“, ruft sie überrascht.
Doch als Willi und Polli sich die beiden Bilder etwas genauer anschauen, entdecken sie fünf Unterschiede.

Findest du sie auch? Kreuze die Unterschiede an.

Polli bekommt einen Schreck

Als Polli aufwacht, scheint die Sonne zu ihrem Schlafzimmerfenster herein. Sie hat von einem wunderschönen Bild geträumt, das in ihrer Küche hängt. Polli steht schnell auf, um sich das Bild noch einmal anzuschauen. Aber in der Küche hängt gar kein Bild.
„Verflixt!“, erinnert sich Polli. „Das habe ich ja nur geträumt! Aber hier muss wirklich ein Bild hängen. Ich male mir jetzt einfach selbst ein wunderschönes Bild!“

Sie holt ihren großen Zeichenblock und ihren Wasserfarbkasten, in dem alle Farben des Regenbogens sind. Polli legt den Block vor sich auf den Tisch und stellt den Farbkasten und ein Glas mit Wasser neben sich. Was soll sie zuerst malen?
Polli malt zuerst weiße Wolken, die über den blauen Himmel segeln. Aber die Wolken sind nicht groß genug. Die füllen nur ein kleines Stückchen ihres großen Blattes aus. Also geht Polli nach draußen in den Garten. Hier malt sie den knallroten Klatschmohn, der überall im Garten wächst. Aber der Klatschmohn ist auch nicht groß genug. Er füllt nur ein kleines Fleckchen ihres großen Blockes aus. Also geht Polli hinunter an den See. Hier malt sie die Frösche und die Libellen. Sie malt den See und die großen gelben Seerosen, die darauf schwimmen. Aber das Bild ist immer noch nicht fertig.
„Zeig mal her dein Bild!“, knurrt plötzlich jemand hinter Polli.
Vor Schreck lässt Polli das wunderschöne Bild ins Wasser fallen. Als sie sich umdreht, steht Richard, das Krokodil, hinter ihr.
„Hast du mich erschreckt! Schau nur: Jetzt sind die schönen Farben alle weggewaschen“, sagt Polli vorwurfsvoll zu Richard.

Willst du das Bild für Polli wieder anmalen?

Ausflug im Fesselballon

„Hey, Polli“, ruft jemand. Das ist doch die Stimme von Willi Warzenschwein.
Polli dreht sich um, aber sie kann niemanden entdecken. Komisch, denkt sie. War das eben nicht mein Freund Willi?
In dem Augenblick landet der Geier Konrad vor Polli.
„Hast du Lust, ein Stück mit uns zu fliegen?“, fragt Konrad.
„Wie gemein! Du machst dich lustig über mich!“, sagt Polli, weil sie denkt, Konrad wollte sie ärgern. Wer hat schon jemals ein fliegendes Nilpferd gesehen? Ein Nilpferd hat schließlich keine Flügel.
Plötzlich macht es hinter Polli *Bumm*, und als Polli sich umdreht, sieht sie, dass Willi mit einem großen Fesselballon hinter ihr auf dem Rasen gelandet ist.
„Pah!“, sagt Konrad beleidigt zu Willi. „Du kannst gleich wieder abheben. Polli will gar nicht mit!“
„Wirklich nicht?“, fragt Willi.
„Doch! Doch!“, ruft Polli schnell, als sie sieht, dass Konrad das mit dem Fliegen ernst gemeint hat.
„Natürlich will ich mitfliegen!“
Polli klettert schnell in den Fesselballonkorb.
Dann fliegen sie los. Polli hätte nie gedacht, dass Fliegen so schön ist! Was man von hier oben alles sehen kann!

„Da wachsen ja wilde Rosen!“, ruft Polli begeistert. „Und Erdbeeren! Da wachsen Margeriten, dort Brombeeren und hier sogar Heidelbeeren! Da muss ich morgen unbedingt zu Fuß hingehen und welche pflücken!“
Polli nimmt ein Stück Papier und zeichnet sich eine Karte, damit sie all die Plätze, die sie von hier oben sieht, auch wieder findet.

Welchen Weg muss Polli gehen, um wilde Rosen, Erdbeeren, Margeriten, Brombeeren und Heidelbeeren pflücken zu können? Zeichne den richtigen Weg ein.

Gerdas Kullerbahn

Das Wichtigste am Murmelnspielen ist natürlich, dass man seine Murmeln am Ende alle wieder findet. Jeder der Freunde hat seine Lieblingsfarbe.
Pollis Lieblingsfarbe ist grün. Auch ihre Murmeln sind alle grün. Gerdas Lieblingsfarbe ist Rot. Sie hat die meisten Murmeln in ihrem Säckchen – lauter rote selbstverständlich. Willi bewahrt seine blauen Murmeln in einem blauen Säckchen auf. Und Erwins Murmeln sind alle gelb.

Nur Konrad hat keine Lieblingsfarbe. Er findet alle Farben gleich schön. In seinem bunten Säckchen hat er grüne, rote, blaue, gelbe und lila Murmeln. Wenn er mit seinen Freunden Murmeln spielt, darf er immer nur seine lila Murmeln benutzen, damit die Freunde nach dem Spielen ihre Murmeln wieder auseinander halten können.
Gerda hat heute ihre Kullerbahn mitgebracht, auf der kann man richtige Murmel-Wettrennen veranstalten. Gerdas roter Blitz ist fast immer am schnellsten. Plötzlich ist Gerdas Murmel verschwunden.
„Wer hat meinen roten Blitz?“, fragt Gerda empört. „Den verleihe ich nicht. Los, her damit!“
„Wir haben deinen roten Blitz nicht!“, versichern alle vier.
Jetzt stellen auch Polli, Erwin, Willi und Konrad fest, dass ihnen Murmeln fehlen.
Und während Gerda, Erwin, Konrad, Willi und Polli noch rätseln, wohin ihre Murmeln verschwunden sind, wirft ihnen jemand wütend ihre Murmeln vor die Füße und ruft: „Ich habe es satt, dass mir ständig diese Murmeln auf den Kopf fallen!“

Wenn du wissen willst, wer da so wütend ist, dann musst du die kleinen Bilder in der Reihenfolge verbinden, wie sie in der Leiste unter dem Bild aufgemalt sind. Male danach das Bild in deinen Lieblingsfarben an.

Polli geht ins Schwimmbad

Heute ist ein sehr heißer Tag. Polli hat sich mit ihren Freunden im Schwimmbad verabredet. Dort gibt es nämlich eine besonders lange Wasserrutsche. Und es macht einen Riesenspaß, dort zu rutschen.
Polli sucht ihr Badehandtuch, ihren Wasserball, das Sonnenöl und ihren Bikini. Doch sie kann die Sachen nicht finden.
Im Schrank sind Bikini, Badehandtuch, Wasserball und Sonnenöl jedenfalls nicht. Aber das überrascht Polli nicht besonders, denn sie räumt selten auf. Sie muss meistens erst ein bisschen suchen, ehe sie ihre Sachen findet.
Wo habe ich die Badesachen nur hingelegt?, überlegt Polli.
Sie schaut unter dem Bett nach. Da findet sie einige Schokoladenkekse, einen Schwamm und ein Stück Seife, einen Ball und einen Gummistiefel.
Aber den Bikini, das Badehandtuch, den Wasserball und das Sonnenöl findet sie nicht.
Polli denkt angestrengt nach. Vielleicht sind ihre Badesachen ja aus Versehen im Papierkorb gelandet? Sie schaut nach. Dort findet sie ihr Portmonee, das sie schon lange gesucht hat. Sie findet eine Zange, die Zeitung von gestern, ihr Malbuch, die Bastelschere und einen Wollhandschuh.
Aber den Bikini, das Badehandtuch, den Wasserball und das Sonnenöl findet sie nicht.
„Vielleicht habe ich die Sachen aus Versehen in den Kühlschrank geräumt?“, murmelt Polli.

Also schaut sie im Kühlschrank nach. Dort findet sie den zweiten Gummistiefel, einen Becher Jogurt, ihre Kullerbahn und ein Stück Käse. Aber ihre Badesachen findet sie nicht.
Polli sieht sich um. Irgendwo müssen ihre Badesachen doch sein!

Hilf Polli doch beim Suchen! Kreise die unten abgebildeten Dinge oben im Bild ein.

Mückenjagd

Polli schlägt die Augen auf. Es ist stockdunkel. Kein Wunder, es ist ja auch mitten in der Nacht.
„Sssiiiih!“, macht es wieder ganz dicht neben Pollis Ohr.
Wegen dieses Geräusches kann Polli schon die ganze Nacht nicht schlafen. In ihrem Schlafzimmer ist eine Stechmücke. Jedes Mal, wenn Polli schon fast eingeschlafen ist, surrt dieses kleine Biest dicht an ihrem Ohr vorbei. Und dann ist Polli wieder hellwach.
Polli macht das Licht an. Wo ist dieses Monster, das schon die ganze Nacht versucht, sie zu stechen?
Aha! Da sitzt es ja! Polli schleicht sich näher. Sie holt aus und schlägt zu – aber die Stechmücke ist schneller. Jetzt sitzt sie an der Zimmerdecke. Polli holt ihr Kopfkissen und wirft es nach der Mücke.
Leider daneben. Sie trifft nur die Lampe, und die Mücke fliegt davon.
„Warte nur! Ich krieg dich schon noch!“, ruft Polli.
Sie wirft ihr Kissen der fliegenden Mücke hinterher. Das Kissen fliegt mit voller Wucht gegen ihr Regal. Das Regal fällt polternd um. Die Bücher, die Spiele, die Kullerbahn und Pollis große Kiste mit Legosteinen fallen heraus.
Polli sieht sich in ihrem Zimmer um. Die Mücke kann sie nirgendwo entdecken. Ob sie rausgeflogen ist? Polli macht schnell die Tür zu. In ihrem Schlafzimmer sieht es aus wie nach einem Ringkampf. So ein großes Durcheinander wegen einer kleinen Mücke!
„Da muss ich wohl erst einmal aufräumen, ehe ich wieder ins Bett gehen kann!“, seufzt Polli. Sie überlegt: „In welches Regalfach gehört die Kiste mit den Legosteinen, in welche Fächer gehören die Spiele, die Kullerbahn und die Bücher?“

Entscheide du, in welches Fach Polli die Sachen stellen soll. Dann male das Bild farbig an.

Unterwegs mit der Feuerwehr

In letzter Sekunde

Tatütata, Tatütata, TATÜTATA. Mit Vollgas und Blaulicht rast ein Löschzug der Feuerwehr durch das kleine Städtchen Lindenthal. Jetzt zählt jede Sekunde!
Mit quietschenden Reifen halten die Wagen vor dem Haus Holzmarkt Nr. 6. Im Dachgeschoss brennt eine Wohnung. Dichter Qualm dringt aus mehreren Fenstern. Die Feuerwehrleute springen aus ihren Autos.

„Sind Menschen in Gefahr?“, fragt der Zugführer die umstehenden Leute.
Eine ältere Frau antwortet: „Nein, ich glaube nicht. Ich habe die Hausbewohner schon hier unten auf der Straße gesehen. Aber ganz sicher bin ich mir nicht. Es ist ja so ein Durcheinander hier.“
Jetzt heißt es, schnell retten, was zu retten ist. In Windeseile wird die Drehleiter ausgefahren, und die Schläuche werden angeschlossen.
„Wasser, marsch!“, befiehlt der Zugführer.
Doch was ist das? Ein Feuerwehrmann bemerkt eine Bewegung an einem der Fenster. Schnell lenkt er die Leiter mit dem Rettungskorb dorthin, sprintet hinauf, klettert durchs Fenster und verschwindet im Rauch.
„Der ist aber mutig!“, sagt die ältere Frau zum Zugführer.
„Ja, das ist Philipp, unser bester Feuerwehrmann“, sagt er stolz und blickt gespannt zu dem Fenster hinauf, hinter dem Philipp verschwunden ist.
Jetzt atmet er auf. Philipp ist wieder aufgetaucht. Er klettert zurück in den Rettungskorb, und die Leute klatschen begeistert Beifall. Aber was hält er denn da im Arm?

Wenn du wissen willst, wen Philipp gerettet hat, dann verbinde die Bilder in der gleichen Reihenfolge wie in der Leiste angegeben! Danach kannst du das Bild ausmalen.

Philipps erster Tag

Philipp war nicht immer so ein toller Feuerwehrmann. Oh nein, das war er wirklich nicht. Wenn Philipp an seinen allerersten Tag bei der Jugendfeuerwehr zurückdenkt, dann wird ihm heute noch ganz anders. So schrecklich war das.

Philipp war gerade erst zwölf. Als er bei der Feuerwache ankam, hatten die Jugendlichen gerade eine Löschübung beendet. Drei Löschwagen standen im Hof der Feuerwehr, die Schläuche waren ausgerollt und angeschlossen.

Na ja, da müssen wir wohl noch ein bisschen üben!, dachte sich Oberbrandmeister Kröger und kratzte sich am Kopf. Die Schläuche lagen nämlich kreuz und quer durcheinander. Aber jetzt wollte der Oberbrandmeister Philipp erst einmal die Geräte erklären. Ausführlich zeigte er ihm, wie man den Schlauch beim Löschen halten muss. Dann rief er einem Feuerwehrmann zu: „He, dreh mal den Hahn auf!“ Aber komisch. Es kam gar kein Wasser! Mmh. War irgendetwas mit der Spritzdüse nicht in Ordnung? Herr Kröger schaute in die Spritzdüse. Da merkte Philipp, dass gar kein Wasser kommen konnte. Denn Philipp hatte sich genau auf den Schlauch gestellt. Das war ihm unangenehm. Unauffällig nahm er den Fuß herunter.

Und jetzt kam das Wasser. Oh ja, es kam – dem Oberbrandmeister Kröger mitten ins Gesicht. Herr Kröger prustete und schüttelte sich wie ein Walross. Er war von oben bis unten patschnass. Und dann brüllte er: „Wasser, stopp!“

Aber Philipp war ganz durcheinander. Welchen Wasserhahn musste er denn jetzt zudrehen?

Kannst du Philipp helfen, den richtigen Wasserhahn zu finden? Spure den richtigen Schlauch mit einem Stift nach!

Lisa und die Kätzchen

Hurra, die kleine Lisa darf heute ihre Tante Sabine besuchen. Die arbeitet nämlich im Tierheim, und Tiere liebt Lisa über alles.
„Sind die süß!“, ruft Lisa, als Sabine ihr einen Käfig mit kleinen Kätzchen zeigt. Gerade will Sabine ihr erzählen, wie die Kätzchen ins Tierheim gekommen sind, als sie von ihrer Chefin gerufen wird.
„Warte hier!“, sagt Sabine. „Pass gut auf die Kleinen auf!“, ruft sie noch. Aber das hört Lisa gar nicht mehr. Sie will jetzt die kleinen Kätzchen streicheln. Vorsichtig steckt Lisa einen Finger durch das Gitter. Wie weich das Fell ist!
Und wie schön das schwarze Kätzchen schnurrt! „Bestimmt möchte es mal auf meinen Arm“, sagt Lisa. Sie macht die Käfigtür auf, und da ist es auch schon geschehen. Die Kätzchen springen aus dem Käfig.

Hilfe, das habe ich nicht gewollt, denkt Lisa erschrocken. Schnell versucht sie, die Kätzchen wieder einzufangen.
Aber die kleinen Schlingel entwischen ihr immer wieder, und zuletzt klettern sie flink auf den großen Baum im Innenhof.
Jetzt kommt auch Sabine wieder. Sie schlägt die Hände über dem Kopf zusammen. Aber zum Glück ist sie nicht böse.
„Da hilft alles nichts“, sagt sie. „Wir müssen die Feuerwehr rufen. Alleine bekommen wir die Kätzchen nicht vom Baum herunter.“
Wenige Minuten später ist Philipp, der Feuerwehrmann, zur Stelle. „Himmel und Hölle!“, schmunzelt er. „Das ist ja eine schöne Bescherung.“

Kannst du Philipp helfen und mit ihm die Kätzchen in der Baumkrone suchen? Wie viele kleine Kätzchen haben sich im Baum versteckt? Male sie alle in der gleichen Farbe an!

Pech gehabt!

Die Feuerwehr von Lindenthal kommt von einem gefährlichen Einsatz zurück. Die Scheune von Bauer Zellner ist abgebrannt, aber das Bauernhaus konnte zum Glück gerettet werden. Philipp und sein Freund Theo fahren die beiden Löschfahrzeuge vor die Feuerwache, um das Gerät zu überprüfen und die Wagen wieder auf Vordermann zu bringen.

„Wetten, dass ich als Erster fertig bin?“, ruft Philipp.

„Wetten, dass nicht!“, ruft Theo.

Und jetzt geht es los. In Windeseile werden die Schläuche ausgerollt, gereinigt, getrocknet und wieder verstaut. Die Fahrzeuge werden voll getankt, die riesigen Wassertanks aufgefüllt, die Pumpen überprüft, das Gerät geputzt und geschaut, ob auch noch alles da ist. Dann wird das Feuerwehrauto gewaschen, gewienert und poliert, bis alles blitzt und blinkt. Philipp begutachtet stolz sein Werk. Hier noch ein kleines Stäubchen abgewischt, eigentlich ist alles fertig. Da kommt ein kleiner Spatz angeflogen. Er landet flatternd auf Philipps Wagen.

„Ja, ja, setz dich nur, und spiegle dich ein bisschen in meinem blitzsauberen Auto“, lächelt Philipp versonnen. Schon will er „fertig“ rufen, da macht es „Flatsch“. Was ist das? Entsetzt schaut er auf sein Auto. Ein dicker weißer Strich auf seiner blitzblanken Windschutzscheibe! Der Spatz macht sich eilig aus dem Staub.

„Erster!“, ruft Theo. Und Philipp?

„Himmel und Hölle!“, poltert er, „so ein unverschämter Dreckspatz!“

Auf der nächsten Seite siehst du Philipps und Theos spiegelblank geputzte Feuerwehrautos. Sie sehen fast gleich aus. Findest du die sechs Unterschiede an den beiden Autos? Einen kennst du ja schon.

LIN-724

Philipp und der Zauberer

Einen solchen Dienst hätten Philipp und Theo gerne jeden Tag. Der Zirkus Allegrini gibt heute seine Kindervorstellung, und die beiden Feuerwehrmänner sind als Sicherheitswachen eingeteilt. Sie passen auf, dass in dem kleinen Zirkuszelt nichts passiert. Wenn doch ein Feuer ausbricht, sind sie sofort zur Stelle. Jetzt erklingt eine Fanfare, und ein kleines Männchen hüpft in die Manege. Es ist Peppino, der Zauberer. Die Kinder klatschen. „Guten Tag, liebe Kinder!“, kräht das Männchen. „Für meinen ersten Zaubertrick brauche ich einen Freiwilligen. Wer macht mit?“ Es wird mucksmäuschenstill. Kein Kind traut sich.

„Hier. Ich mache mit!“, ruft plötzlich jemand. Es ist Philipp, der Feuerwehrmann. Die Kinder klatschen begeistert Beifall.
„Guten Tag, Herr Feuerwehrmann!“, begrüßt ihn der Zauberer und holt ein Ei hinter Philipps Ohr hervor. Philipp ist ganz baff, und die Kinder lachen.
„Drückt Sie der Helm auch nicht?“, will der Zauberer jetzt wissen.
„Nein, gar nicht“, erwidert Philipp.
„Aber er muss Sie doch wenigstens ein bisschen drücken!“, behauptet Peppino.
Philipp ruckelt ein wenig an seinem Helm herum: „Nein, er sitzt ganz bequem!“
Jetzt möchte der Zauberer den Helm mal haben. Philipp nimmt ihn vom Kopf und reicht ihn dem Zauberer. Der murmelt geheimnisvolle Worte. Und dann sagt er: „Ich wusste doch, dass da was drin war!“ Philipp bleibt vor Schreck die Spucke weg. Denn urplötzlich hockt in seinem Helm – man glaubt es kaum – ein ...

Wenn du wissen willst, was Peppino in Philipps Helm gezaubert hat, dann male das Bild wie vorgegeben an!

♡ gelb
○ orange
□ rot
△ blau
~ grün

Tobi, der Retter

So etwas hat Tobi noch nicht gesehen. Die Straße, in der er wohnt, und die ganze Innenstadt von Lindenthal sind überschwemmt. Das kleine Flüsschen Ribnitz ist durch den vielen Regen der letzten Tage über die Ufer getreten. In dicken orangen Schlauchbooten fährt die Feuerwehr durch die kleinen Gassen, um die eingeschlossenen Menschen in Sicherheit zu fahren. Tobis Eltern haben Philipp, den Feuerwehrmann, gebeten, ihren Sohn zum Rathaus zu bringen. Dort soll Tobi von Tante Alexandra abgeholt werden. Ihr Haus ist zum Glück nicht überschwemmt. Tobis Eltern wollen noch dableiben, um die Möbel zu retten.

„Ahoi, kleiner Matrose!", sagt Philipp, als er am Haus von Tobis Eltern festgemacht hat. „Dann komm mal an Bord!"

„Aye, aye, Käpten!", ruft Tobi. Er klettert durch das Küchenfenster in das Schlauchboot. Ein kurzes Winken noch, und dann tuckern Philipp und er los. Wie komisch die Straße auf einmal aussieht! Das Wasser reicht knapp bis zu den Fenstern im Erdgeschoss. Blumenkübel, Sitzbänke und Mülleimer sind gar nicht mehr zu sehen, nur die Verkehrsschilder ragen noch aus dem Wasser.

„Halt, stopp!", ruft Tobi plötzlich. „Philipp, guck mal da!"

Tatsächlich! Auf dem Kioskdach unten am Fluss sitzt völlig verängstigt ein kleiner Hund.

„Das ist ja Flocki, der Pudel von Frau Pütterich, unserer Nachbarin!", ruft Tobi. „Du, Philipp, den müssen wir retten!"

Willst du wissen, wie die Geschichte weitergeht? Dann bring die Bilder auf der nächsten Seite in die richtige Reihenfolge, und male die Symbole der Reihe nach auf! Das erste und das letzte Bild stehen schon am richtigen Platz.

ZEITUN
ZEITU
ZEITU

Die wilde Kuhjagd

Bauer Kersten hatte Glück im Unglück. Sein Kuhstall brannte, aber den Kühen ist nichts passiert. Die Lindenthaler Feuerwehr hat den Stall in null Komma nichts gelöscht. Die Kühe konnten sie noch rechtzeitig losbinden und aus dem Stall treiben.
Jetzt fahren die Feuerwehrleute zurück in die Stadt. Nur Philipp bleibt als Brandwache da. Denn ein kleines Fünkchen Glut könnte das Feuer wieder anfachen.
Philipp passt auf, damit das nicht passiert.
Die meisten Kühe hat Bauer Kersten schon wieder eingefangen und in der Scheune untergestellt. Nur Elsbeth und Rosalinde fehlen noch.

„Kannst du mir mal helfen, Philipp?“, bittet Bauer Kersten. Elsbeth steht auf dem Hof neben der großen Kastanie und scharrt wie ein wilder Stier mit den Hufen. So sehr sitzt ihr der Schreck noch in den Knochen. Philipp und der Bauer kommen vorsichtig näher. „Holla!“, ruft der Bauer. Er will die Kuh in Richtung Scheune treiben. Aber das hat Elsbeth gerade noch gefehlt! Mit wildem Gebrüll stürmt sie auf die Männer zu und jagt sie vor sich her. Immer um die alte Kastanie herum. Philipp und der Bauer müssen laufen, was das Zeug hält. Doch schließlich bleibt Elsbeth stehen. Sie macht noch einmal ganz laut „Muh“, und dann trottet sie müde in die Scheune zu den anderen Kühen. Philipp und der Bauer wischen sich den Schweiß von der Stirn. Das wäre geschafft! Aber wo ist Rosalinde? Der Bauer hat schon eine Idee. Ist sie vielleicht auf die Nachbarweide zu den Kühen von Bauer Zellner gelaufen?

Tatsächlich, Rosalinde ist auf der Weide von Bauer Zellner. Kannst du sie unter den vielen Kühen entdecken? Male das Bild farbig an.

Alles wegen Micky!

Mitten im großen Wald steht die Ruine der Burg Lindenfels. Das Burgtor ist mit einem starken Eisengitter versperrt, denn es ist gefährlich, die Ruine zu betreten.
Ben und Alex, die Söhne des Försters, sind mit ihrem Hund Micky hierher gekommen. Sie wollen Raubritter spielen.
„Ha, ich bin der schwarze Ritter! Her mit dem Geld, Prinz Eisenherz!“, ruft Alex mit tiefer Stimme.
„Niemals, du Schurke!“, erwidert Ben und will gerade sein Holzschwert ziehen, als die beiden von einem wilden Kläffen abgelenkt werden. Micky ist einer Maus dicht auf den Fersen. Die Maus flüchtet durch das Gittertor, doch das hilft ihr nichts. Auch Micky schlüpft durch die Eisenstäbe und wetzt ihr hinterher.
„Micky, Micky, komm sofort zurück!“, ruft Ben.
Aber der Hund hört nicht.
Plötzlich hören sie ein Winseln.
Ben und Alex schauen sich an.
Da ist etwas passiert! Ben versucht, sich durch die Gitterstäbe zu zwängen. Verzweifelt drückt und schiebt er, aber es geht einfach nicht. Und jetzt kann er sich gar nicht mehr rühren. Ben bekommt einen Riesenschreck. Er ist gefangen!
Plötzlich ist Micky wieder da. Er wedelt mit dem Schwanz, als sei nichts geschehen. Super!
Aber was ist mit Ben? Alex muss Hilfe holen.

So schnell er kann, läuft er zum Forsthaus. Seine Mutter ruft sofort bei der Feuerwehr an. Philipp, der Feuerwehrmann, beruhigt sie. Er kommt, so schnell er kann, und bringt den Rettungsspreizer mit. Damit kann er ganz einfach die Eisenstäbe auseinander biegen und Ben befreien.

Im Wald von Lindenthal gibt es viele Wege. Kannst du Philipp helfen, den richtigen Weg zur Burgruine zu finden?

Sturm über Lindenthal

Es ist mitten in der Nacht. Ein schwerer Herbststurm wütet über Lindenthal. Ein Mann meldet sich aufgeregt beim Notruf der Feuerwehr: „Kommen Sie schnell! Der Sturm hat die alte Linde vorm Kindergarten entwurzelt. Der Baum ist auf die Straße gestürzt. Die Straßenbeleuchtung ist ausgefallen, und ein Auto ist in den Baum hineingefahren.“ Der Feuerwehrmann in der Notrufzentrale gibt Alarm.

Wenige Minuten später trifft die Feuerwehr mit Blaulicht und Sirene an der Unglücksstelle ein. Die Polizei ist auch schon da. Jetzt muss alles ganz schnell gehen.
Die Sanitäter der Feuerwehr kümmern sich um den Fahrer des Unfallwagens. Er scheint nur leicht verletzt zu sein. Die Sanitäter leisten erste Hilfe und bringen ihn dann ins Krankenhaus.
Die Polizei sperrt die Straße und leitet den Verkehr um, damit nicht noch mehr Autos im Dunkeln in den Baum hineinfahren.
Währenddessen gibt der Zugführer der Feuerwehr seine Befehle: „Andreas und Annette, ihr stellt die Scheinwerfer auf, damit wir was sehen können! Philipp und Theo an die Motorsägen! Ihr schneidet die großen Äste ab und zerteilt den Stamm!“
Dann fordert der Zugführer über Funk einen Kranwagen an, der den schweren Stamm von der Straße heben soll. Alles geht blitzschnell. Feuerwehr und Polizei arbeiten Hand in Hand, und jeder Handgriff sitzt perfekt. Alle haben es mindestens tausendmal geübt. Und eine Stunde später ist die Straße wieder frei.

Die Feuerwehr und die Polizei packen ihre Sachen zusammen. Aber was gehört der Feuerwehr und was der Polizei? Verbinde jeweils mit einem Strich! Eine Sache könnte beiden gehören.

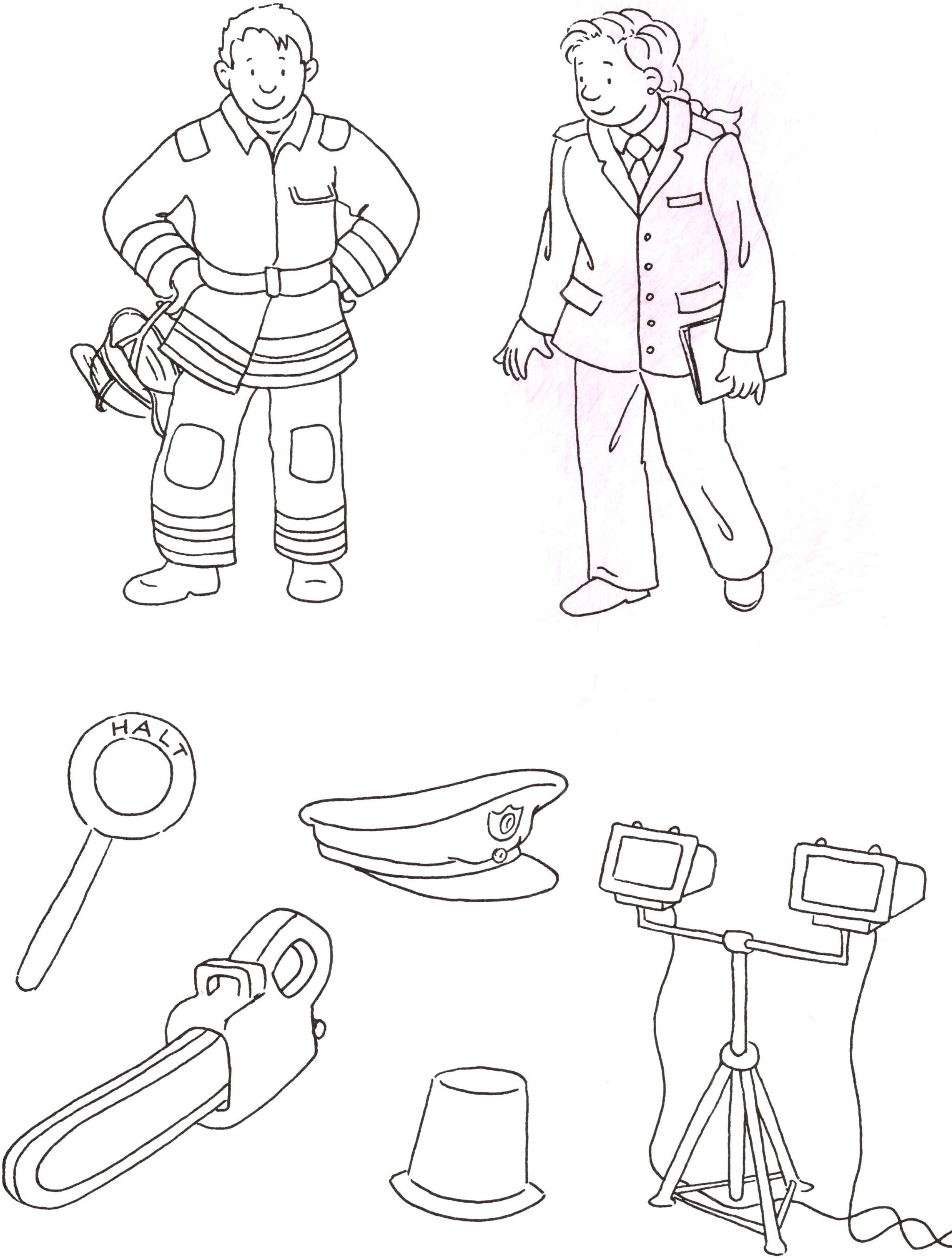
HALT

Lukas hilft der Polizei

Lukas spielt mit seinem Vater Fußball auf dem Bolzplatz. Plötzlich hören sie Sirenen. Feuerwehr und Polizei biegen mit Blaulicht um die Ecke.
Lukas klemmt sich schnell den Fußball unter den Arm. „Komm, Papa, da müssen wir hin!“, ruft er. Und schon läuft er los und sein Papa hinterher.
Da sehen sie es auch schon: Der Mülleimer eines Bushäuschens brennt lichterloh. Auch das hölzerne Häuschen hat schon Feuer gefangen.
Mit dem Papa an der Hand drängelt sich Lukas durch die Menschen, die aus allen Richtungen zusammengelaufen sind. Lukas will zum Polizeiauto. Er will nämlich mal Polizist werden, und da muss er natürlich sehen, was die Polizisten jetzt tun. Der eine Polizist passt auf, dass die Schaulustigen genügend Abstand halten und die Feuerwehr beim Löschen nicht behindern. Die Polizistin steht neben dem Polizeiwagen und spricht in ihr Funkgerät.
Jetzt kommt eine ältere Frau heran und berichtet ganz aufgeregt: „Ich glaube, ich weiß, wer das war! Vor ein paar Minuten saß hier ein junger Mann, der aus Langeweile kleine Papierstücke angezündet hat.“
„Wie sah denn der Mann aus?“, fragt der Polizist.
„Ich glaube, er hatte eine schwarze Jeans an, eine rote Jacke mit einem weißen Muster, eine Sonnenbrille und eine grüne Mütze!“, erklärt die Frau.

Einen Augenblick mal!, denkt Lukas, der alles mit angehört hat. Stand nicht eben ein Mann neben ihm, der genauso aussah? Lukas schaut sich um. „Da ist ja der Mann!“, ruft er.

Sieh dir die Leute auf dem Bild genau an! Kannst du den Verdächtigen entdecken?

POLIZEI
POLIZEI

Besuch im Kindergarten

Die Kinder vom Lindenthaler Kindergarten sind schon ganz aufgeregt. Heute kommt nämlich Philipp, der Feuerwehrmann, zu Besuch. Und da steht er auch schon in der Tür! Die Kinder drängeln. Alle wollen seine Uniform aus der Nähe anschauen. Philipp lacht. Er schlägt vor, dass sich alle im Kreis hinsetzen, damit er in Ruhe erzählen kann.

„Wer von euch hat denn schon einmal einen richtigen Brand miterlebt?“, fragt Philipp als Erstes. Tina hebt schüchtern die Hand.
„Erzähl doch mal!“, fordert Philipp sie auf.
„Also, das war letztes Weihnachten“, beginnt Tina. „Wir hatten einen Weihnachtsbaum mit richtigen Kerzen. Und als mein Bruder seine Geschenke ausgepackt hat, ist Geschenkpapier in eine Kerze gekommen. Das Papier hat sofort gebrannt. Aber meine Mutter hat ganz schnell das Geschenkpapier auf den Boden geworfen und ist darauf herumgetrampelt. Da ist das Feuer zum Glück ausgegangen.“
„Das hat deine Mutter gut gemacht“, lobt Philipp. „Sie hat schnell gehandelt. Aber beim nächsten Weihnachtsfest solltet ihr einen Eimer mit Wasser neben den Baum stellen. Damit kann man kleine Brände schnell löschen.“
Philipp hat viele interessante Sachen mitgebracht. Die legt er jetzt in den Kreis. Aber bevor er erklärt, was man mit ihnen macht, hat er eine Frage: „Wer weiß, welche der Sachen ein echter Feuerwehrmann bei einem Einsatz braucht? Und welche braucht er nicht?“ Die Kinder überlegen.

Kannst du den Kindern helfen? Kreuze an, welche drei Dinge nicht zu einem richtigen Feuerwehrmann gehören! Wozu braucht man die anderen Sachen? Hast du Lust, danach alles anzumalen?

Anne will zur Feuerwehr

Anne ist sauer. Heute Morgen hat sie im Kindergarten verkündet, dass sie später einmal zur Feuerwehr gehen will. Und was hat der blöde Felix gemacht? Er hat ihr einen Vogel gezeigt.
„Frauen bei der Feuerwehr! Das gibt's doch gar nicht!", hat er gesagt. „Frauen haben doch viel zu viel Angst."
„Gar nicht wahr!", hat Anne da gerufen. Sie hat ihm die Zunge rausgestreckt und ist weggelaufen. Aber ganz sicher ist sie sich nicht, ob Frauen wirklich bei der Feuerwehr arbeiten dürfen. Feuerwehrmänner kennt sie, aber von einer Feuerwehrfrau hat sie noch nie etwas gehört.
Wie gut, dass ihr Patenonkel Philipp sie heute besucht. Da kann sie ihn gleich mal fragen. „Doch, seit einigen Jahren gibt es auch Frauen bei der Feuerwehr", erklärt Philipp. „Früher meinte man, die Feuerwehr wäre reine Männersache. Aber das ist Quatsch. Frauen können genauso mutig sein wie Männer."
„Da wird sich Felix aber wundern, wenn ich ihm das morgen erzähle!", sagt Anne. Philipp lächelt. „Ein Angehöriger der Feuerwehr braucht aber nicht nur Mut", fährt Philipp fort. „Man muss auch eine Menge lernen, um die Gefahren richtig einschätzen zu können. In Lindenthal kannst du übrigens mit acht Jahren zur Jugendfeuerwehr gehen. Da macht ihr Spiele und Fahrten und lernt schon viel über die Brandbekämpfung."

„Oh ja", beschließt Anne, „da kann sich Felix auf den Kopf stellen, denn wenn ich acht bin, dann gehe ich zur Jugendfeuerwehr!" Und zur Vorbereitung spielen die beiden gleich ein Feuerwehr-Memory.

Spielst du mit? Jedes Bild gibt es zweimal. Nur eins bleibt übrig. Welches?

Tiere in Not!

Es ist bitterkalt geworden in Lindenthal. Über Nacht ist das Thermometer auf minus 15 Grad Celsius gefallen.
Da klingelt bei der Feuerwehr das Telefon. Eine Frau meldet sich und bittet die Feuerwehr, zur Bootsanlegestelle an der Ribnitz zu kommen. Zwei Vögel sind auf einer Eisscholle festgefroren. Ob die Feuerwehr sie nicht befreien könnte? Das lässt sich die Feuerwehr nicht zweimal sagen. Innerhalb von zehn Minuten ist ein Einsatztrupp an Ort und Stelle. Die Vögel hocken auf einer Eisscholle, ungefähr drei Meter vom Ufer entfernt. Sie schlagen verzweifelt mit den Flügeln. Aufs Eis wagen sich die Feuerwehrleute nicht. Dazu ist es noch nicht dick genug. Aber wie soll man die Tiere bloß retten?
Zum Glück ragt der dicke Ast einer Trauerweide weit in den Fluss hinaus. Der Zugführer gibt seine Anweisungen: „Philipp, du seilst dich von dem Ast da ab. Dann legst du ein Fangnetz über die Tiere und befestigst es mit Eisenhaken an der Scholle. Daran binden wir ein Seil. Dann schlägst du mit der Feuerwehraxt die Eisscholle los, und wir ziehen sie dort drüben ans Ufer.“
Doch das ist leichter gesagt als getan. Philipps Hände sind trotz der Handschuhe eiskalt. Er hat Mühe, das Netz an der Scholle zu befestigen. Endlich ist es geschafft. Die Tiere sind gerettet. Philipp und Theo bringen die Vögel ins Tierheim. Dort werden sie von der Eisscholle befreit, gefüttert und gepflegt. Wenn es ihnen besser geht, sollen sie wieder freigelassen werden.

Wenn du wissen willst, welche Vögel die Feuerwehr retten konnte, dann male das Bild wie vorgegeben an!

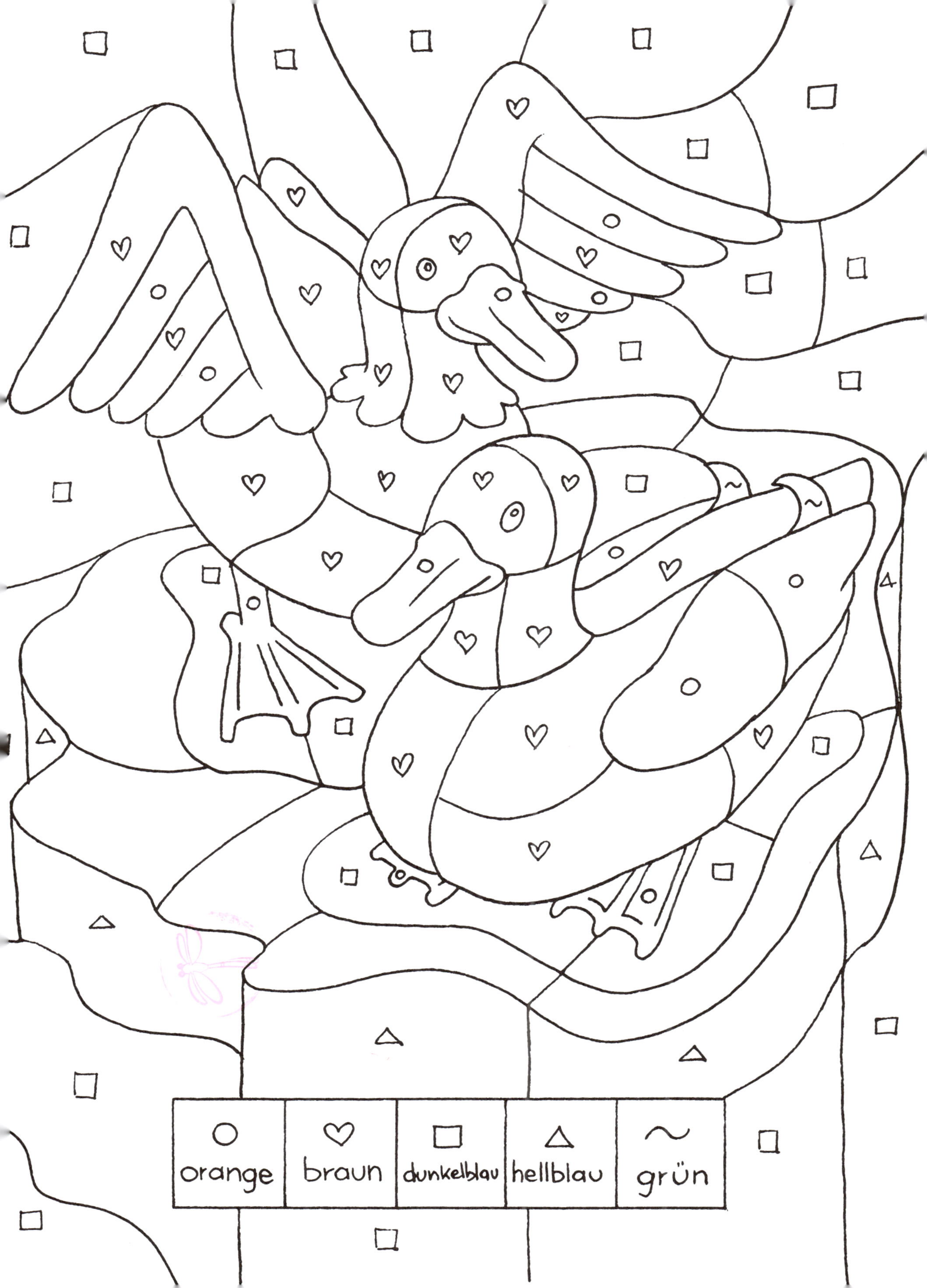
orange
braun
dunkelblau
hellblau
grün

Lisa lügt doch nicht!

Es ist ein schöner Sonntagnachmittag in Lindenthal. Die kleine Lisa geht mit ihren Eltern im Schlosspark spazieren.
Lisa beobachtet gerade ein paar Entenkinder, als sie etwas ganz Unglaubliches sieht. Ein kleiner Elefant läuft eilig über den Weg und verschwindet in den Büschen. Lisa traut ihren Augen nicht.
Dann ruft sie aufgeregt: „Mama, Papa, kommt mal schnell, da war gerade ein kleiner Elefant!“
Ihre Eltern drehen sich um.
„Erzähl nicht immer solche Lügenmärchen!“, sagt ihr Vater streng.
„Komm jetzt, Lisa!“, ruft die Mutter.
„Nein, nein!“, Lisa stampft mit den Fuß auf. „Nun kommt doch mal! Der Elefant muss hier doch irgendwo sein!“
Lisa biegt die Zweige der Büsche auseinander. Und tatsächlich: Fünf Meter von Lisa entfernt bricht der Elefant aus den Sträuchern hervor, galoppiert mit seinen kurzen dicken Beinchen den Weg entlang, steigt hastig auf eine alte Steinbank und springt – platsch – in den alten Neptunbrunnen. Lisas Eltern können sich vor Schreck kaum rühren.
Auf einmal wird es im Park lebendig. Zwanzig Feuerwehrmänner stürmen vom Schloss heran. An ihrer Spitze Philipp, der Feuerwehrmann.
„Er muss hier irgendwo sein!“, ruft er. „Haben Sie zufällig einen kleinen Elefanten gesehen?“, fragt er Lisas Eltern. „Er ist aus dem Zirkus Allegrini ausgebüxt.“

Stumm zeigt Lisas Vater auf den Neptunbrunnen.

Wenn du die Bilder auf der nächsten Seite in die richtige Reihenfolge bringst, zeigen sie dir, wie die Geschichte weitergeht. Male die Symbole der Reihe nach auf. Das erste und das letzte Bild stehen schon am richtigen Platz.

ALLEGRINI

Das große Feuerwehrfest

Ganz Lindenthal ist heute auf den Beinen. Im Schlosspark steigt nämlich das große Feuerwehrfest! Auf der Schlosswiese stehen die Feuerwehrautos, blitzblank geputzt und mit weit geöffneten Türen. Sie können heute besichtigt werden. Geduldig erklärt Annette den Kindern, wie alles funktioniert. Anne, die mal Feuerwehrfrau werden will, darf sich sogar ans Lenkrad des großen Löschwagens setzen.

Auch die große Drehleiter ist ausgefahren. Dahinter stehen die Kinder Schlange. Sie dürfen mit Theos Hilfe hinaufklettern und dann in das Sprungtuch springen, das die älteren Mädchen und Jungen der Jugendfeuerwehr festhalten. Lisa traut sich erst nicht so richtig. Aber dann springt sie doch. Hui – ist das ein Spaß! Das will sie gleich noch einmal machen.
Hilfe, was ist denn das? Da brennt ja eine kleine Hütte! Ach so, das ist eine Feuerwehrübung. Die Lindenthaler Feuerwehrleute zeigen, was sie draufhaben – und schon ist der Brand wieder gelöscht. Jetzt dürfen auch Ben und Alex, die beiden Söhne des Försters, den großen Feuerwehrschlauch halten und die Reste der Hütte nass spritzen.
Puh, gar nicht so einfach, mit dem schweren Schlauch richtig zu zielen.
Philipps Stimme tönt durch den Lautsprecher: „Der Hauptgewinn der großen Kindertombola geht an: Tobi Müller."
Tobi, der den Hund bei der Überschwemmung gerettet hatte, geht stolz nach vorne. Seine Augen werden riesengroß, denn der Hauptgewinn ist ein großes, rotes ...

Wenn du wissen willst, was der Hauptgewinn ist, dann verbinde die kleinen Bilder in der gleichen Reihenfolge wie in der Leiste angegeben! Danach kannst du das Bild anmalen.

Drei Bärenfreunde

Spagetti-Reime

Paul Bär und sein Freund Jakob Biber lümmeln auf dem Sofa herum. Sie haben den ganzen Tag zusammen am Fluss gespielt. Zum Schluss sind sie noch geschwommen. Das macht müde und hungrig!

„Ich würde einen Honigtopf geben für einen großen Teller Spagetti“, seufzt Paul.
„Oh ja, mit ganz viel Tomatensoße!“ Jakob läuft das Wasser schon im Mund zusammen.
„Aber wer kocht?“, fragt Paul. „Hast du Lust?“
„Oh, ich bin so müde!“, ruft Jakob und gähnt.
„Aber ich habe eine Idee!“, ruft Paul. „Wir machen ein Spagetti-Gedicht: Ich sage einen Satz, und du sagst dann einen Satz, der sich darauf reimt. Dann darfst du anfangen, und ich muss weiterreimen. Derjenige, dem nichts mehr einfällt, muss kochen! Einverstanden?“
Jakob grinst. „Okay, ich fange an: Oh, du leckere Spagetti ...“
„... du bist besser als Konfetti!“, reimt Paul und überlegt dann kurz. „Du bist der reine Hochgenuss ...“
„... und länger als ein Reißverschluss!“, kichert Jakob. „Leider wächst du nicht am Baum ...“
Und Paul ergänzt: „... und fliegst nicht durch den Himmelsraum!“
Sie grinsen über beide Ohren.
„Komm, du bist dran!“, drängt Jakob.
„Ich seh dich gern in einer Schüssel!“, macht Paul weiter. „Da verknotet sich mein Rüssel!“
„Aber wer wird heute kochen?“, lacht Jakob. „Oder essen wir Hundeknochen?“ Sie kugeln sich vor Lachen auf dem Boden. „Ich glaube, wir müssen zusammen kochen“, schnauft Paul, „sonst verhungern wir noch vor lauter Reimen!“
Und während Jakob einen großen Topf mit Wasser füllt, stellt Paul die Zutaten schon auf den Tisch.

Aber da stimmt doch was nicht! Er stellt auch fünf Sachen auf den Tisch, die man gar nicht zum Kochen braucht. Welche sind es? Hast du Lust, das Bild in deinen Lieblingsfarben anzumalen?

Die Seifenkistenfahrt

„Schaut mal, was ich gerade beim Sperrmüll gefunden habe!“ Konrad steht in der Küchentür und rudert aufgeregt mit den Armen.
„Was hast du denn gefunden?“, gähnt Jasper. Er liest gerade ein spannendes Buch und möchte jetzt gar nicht gestört werden.
Jonas auch nicht. Er schmiert sich gerade ein dickes Honigbrot.
„Ach, ihr seid ja vielleicht Langweiler!“, ruft Konrad. „Da findet man was Tolles, und ihr kriegt den Hintern nicht hoch!“
„Okay, wir kommen ja schon!“
Jasper klappt sein Buch zu, und sie gehen mit Konrad vor die Tür. Dort steht ein alter Kinderwagen. Das Verdeck ist völlig verbeult. „Und dafür bin ich jetzt aufgestanden?“
Jasper will gerade wieder hineingehen, aber Konrad hält ihn fest.
„Wir könnten daraus doch eine Seifenkiste bauen!“, ruft er. „Zusammen mit dem Krempel, der noch im Schuppen ist, wird das eine Eins-A-Rennmaschine!“
Jonas und Jasper schauen überrascht. Konrad hat Recht! Das Buch läuft einem ja schließlich nicht davon, und das Honigbrot kann bei der Arbeit gegessen werden ...
„Tolle Idee!“, rufen sie und legen los. Den ganzen Tag hört man es hämmern und sägen hinter dem Bärenhaus.

Am späten Nachmittag sind sie endlich fertig. Die Kiste sieht großartig aus.
„Komm, wir testen sie gleich mal“, schlägt Jonas vor, und sie schieben den Wagen gemeinsam den Hügel hinauf. Sie setzen sich hinein und sausen den Hügel hinunter. Doch dann: „Vorsicht!“, schreit Konrad. „Der Maulwurfshügel da vorne!“
Aber es ist schon zu spät. Die Kiste fliegt durch die Luft und setzt krachend weiter unten wieder auf.
„Das ist noch mal gut gegangen!“, sagt Jasper. „Keiner ist verletzt!“

Aber leider haben sie ein Rad verloren. Hilfst du, es zu suchen?

Eine Brille für Jasper

„Jasper, das Frühstück ist fertig!“, ruft Konrad und schaut in den Flur. Jasper steht vor dem Kleiderständer. Er schüttelt den rechten Ärmel von Konrads Jacke.
„Guten Morgen!“, sagt Jasper. „Wollen Sie nicht reinkommen?“

„Was machst du denn da?“, fragt Konrad.
„Du hast gar nicht erzählt, dass wir Besuch haben!“, mault Jasper.
„Und ich glaube, du brauchst eine Brille!“, lacht Konrad. „Oder redest du morgens immer mit dem Kleiderständer?“
Lachend geht er zurück in die Küche. Jasper läuft hinter ihm her. Das ist ihm jetzt aber peinlich! Er hätte schwören können, dass da jemand steht. So was Doofes auch!

In der Küche sitzen die anderen beiden schon am Tisch. Jasper schüttet sich Müsli in eine Schale und nimmt sich eine Gabel.
„Nimmst du nicht lieber einen Löffel?“, fragt Jonas.
„Jaja ...“, brummelt Jasper. So, jetzt noch etwas Milch. Jasper greift nach der Vase, die auf dem Tisch steht.
„Halt!“, ruft Konrad. „Die Milch steht vor deiner Nase!“
Jasper schaut verdutzt über den Tisch. Das ist ja zum Eierlegen! Fast hätte er sich altes Blumenwasser in die Schale geschüttet! Da steht Jonas auch schon neben ihm und drückt ihm eine große Lupe in die Hand.
„Ich glaube, du brauchst wirklich eine Brille“, sagt er.
„Brillen sehen aber so doof aus ...“, sagt Jasper leise.
„So 'n Quatsch!“, sagt Konrad. „Brillen sind total cool. Vielleicht kannst du sogar eine ganz bunte kriegen. Das sieht bestimmt super aus! Aber bis dahin schaust du alles besser durch diese Lupe an!“

Jasper schaut durch die Lupe. Da sieht alles ja ganz anders aus! Kannst du die Ausschnitte richtig zuordnen? Male dann das Bild an!

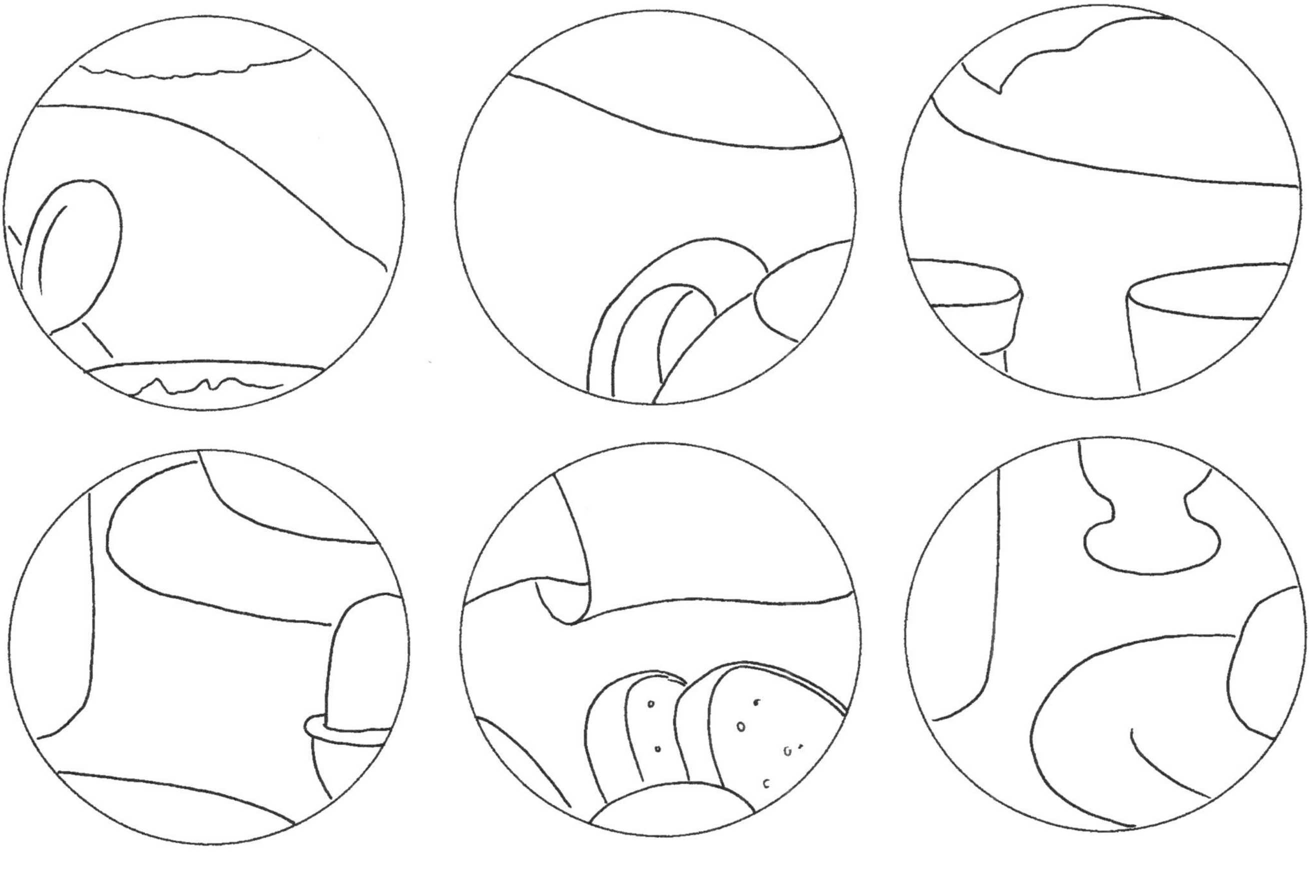

Jasper hat den Durchblick

Heute ist ein toller Tag! Die Sonne scheint, und Jasper läuft durch den Wald. Er ist auf dem Weg zu seinem Freund Vinzenz Maus. Dort hat er samstags Malunterricht. Auf der Nase hat er seine nagelneue Brille.
„He, Jasper, du hast ja eine Brille!“, ruft ihm ein Eichhörnchen zu.
„Ja, die habe ich von der Eule bekommen!“, ruft Jasper. „Jetzt kann ich alles wieder sehen!“
„Prima!“, ruft das Eichhörnchen. „Ich habe eine dicke Nuss fallen lassen. Kannst du da mal schauen?“
Jasper schaut zwischen den Blättern unter dem Baum.
„Hab sie schon!“, ruft er und wirft die Nuss geschickt hoch. „Eine Brille muss man eben haben!“, lacht er.
Am Waldrand steht ein kleiner Bär. Er weint, dass ihm die Tränen nur so über die Wangen kullern.
„Was ist denn mit dir los?“, fragt Jasper.
„Ich habe meinen Haustürschlüssel im Gras verloren“, heult der Bär. „Und ich traue mich jetzt nicht nach Hause.“
Jasper gibt dem Kleinen ein Taschentuch und schaut sich um.
„Ich helfe dir jetzt erst mal suchen“, sagt er. „Hast du den Schlüssel direkt hier verloren?“
Der kleine Bär nickt, und Jasper kniet sich hin und schaut genau zwischen den Grashalmen. Schon nach kurzer Zeit hat er den Schlüssel gefunden.

„Eine Brille muss man eben haben!“, ruft er und geht weiter.
Schon bald ist er bei Vinzenz Maus. Der hat Jaspers neuestes Bild auf eine Staffelei draußen hingestellt. Jasper hat das Bild von einem Kinderfoto abgemalt. „Da bist du ja!“, ruft Vinzenz. „Ich glaube, du solltest dein Bild nochmal genau anschauen.“
Jasper schaut sich das Bild an und dann das Foto. „Oje, da habe ich ja einige Fehler gemacht“, sagt er.
Vinzenz lacht. „Tja, eine Brille muss man eben haben!“

Jasper hat acht Fehler gemacht. Findest du die acht Unterschiede?

Schachtelchaos

Jasper, Jonas und Konrad sitzen auf der Holzbank vor ihrem Haus und grübeln. Bald hat Tante Dagmar Geburtstag, und sie wollen ihr gerne etwas schicken. Aber was nur?
„Ich hab's!", ruft Konrad. „Wir schicken ihr neue Buntstifte. Sie zeichnet doch so schöne Bilder!"
Die anderen beiden sind sofort einverstanden.
„Wie dumm, dass wir letzte Woche alle Schachteln zum Altpapier gebracht haben", seufzt Jasper. „Jetzt können wir kein Päckchen mehr machen!"
Jonas überlegt. „Wir gehen bei Paul vorbei", sagt er. „Der hebt ja so ziemlich alles auf, was ihm ins Haus flattert. Der hat bestimmt auch eine schöne Schachtel für uns!"
Gesagt, getan. Als sie vor Pauls Haus ankommen, sagt Jasper: „Nicht klingeln, den überraschen wir!"
Die drei Bären schleichen leise voran, und als sie hinter Paul stehen, rufen sie ganz laut: „Hallo Paul, wir sind's!"
Paul springt vor Schreck in die Luft und reißt dabei einen ganzen Schachtelturm mit. „Seid ihr denn verrückt geworden?", ruft er empört. „Mir bleibt ja fast das Herz stehen vor Schreck!" Da sitzt er nun inmitten von vielen Schachteln.
Das sieht schon sehr komisch aus, und sie müssen alle lachen. Auch Paul.

„Wir wollten eigentlich fragen, ob du eine Schachtel für uns hast", sagt Jonas lachend, „aber so viele brauchen wir gar nicht!"
Sie helfen Paul aus dem Schachtelberg heraus und suchen eine geeignete Schachtel für das Geschenk.
Das ist nicht einfach, denn Paul hat sie alle wunderschön bemalt. Jede Schachtel hat ein anderes Muster.
Am Ende stellt Jasper fest, dass er seine Brille in einer der Schachteln liegen gelassen hat. Sie hat Punkte und Streifen auf dem Deckel und an den Seiten Sterne und Blumen.

Findest du den Karton, in dem Jaspers Brille ist? Male ihn besonders schön an.

Post von Tante Rabea

Jasper saust zur Tür herein. „Schaut mal, wir haben Post gekriegt!“ Er wedelt mit einer bunten Postkarte. Jonas und Konrad sitzen in der Küche. „Na, sag schon, von wem ist sie denn?“, ruft Jonas und versucht, die Karte zu erwischen.

„Nix da!“ Jasper hält die Karte so hoch er kann. „Ich habe die Post geholt, also darf ich die Karte auch vorlesen!“ Er setzt sich zu den anderen und fängt an: „Lieber Jasper, lieber Jonas, lieber Konrad ...“
Jonas brummt genervt: „Jaja, wir wissen ja, dass wir lieb sind.“
„Wenn du mich andauernd unterbrichst, kann ich ja nicht weiterlesen, du Dödel!“, ruft Jasper beleidigt.
„Ruhe!“, brüllt Konrad. „Jetzt streitet euch nicht. Ich will wissen, was auf der Karte steht!“
Jasper liest weiter: „Ich hoffe, ihr seid gesund und munter. Ich habe in letzter Zeit wieder viel gestrickt und schicke euch bald ein Paket mit neuen Mützen und Schals für den Winter. Ich hoffe, sie gefallen euch. Bleibt mir gesund, und macht nicht zu viel Quatsch! Herzliche Grüße, eure Tante Rabea.“
„Als ob wir jemals Quatsch machen würden!“, grinst Konrad.
Jasper überlegt. „Vielleicht sollten wir mal den großen Kleiderschrank aufräumen. In den letzten Jahren hat Tante Rabea uns so viele Mützen und Schals gestrickt, da blickt bald keiner mehr durch, was zusammengehört.“
„Tja, und wenn jetzt noch mehr dazukommt“, sagt Jonas, „wäre das gar nicht so dumm!“
Und in der Tat: Kaum ist die Schranktür offen, fällt ihnen der Inhalt auch schon entgegen.
Die drei Bären schleppen alles in die Küche und verteilen es auf dem Tisch. „Ich glaube, wir sollten erst mal alle Paare sortieren“, sagt Jonas.

Zu jeder Mütze gibt es einen passenden Schal. Aber bei einem Schal fehlt die Mütze. Welcher ist es?

Eine Eule weiß Rat

Leopold latscht durch den Wald. Er hat furchtbar schlechte Laune. „Wie guckst denn du heute?“ Ein Specht schaut von einem Ast hinunter. „Wie sieben Tage Regenwetter ... Hast du Kummer?“ „Nein, aber ganz miese Laune!“, brummelt Leopold und kickt einen Tannenzapfen weg. Da landet die Eule auf dem Weg vor ihm. „Was ist denn mit dir los, Leopold? Ist dir eine Laus über die Leber gelaufen?“

„Nix Laus“, knurrt Leopold, „der Wind geht mir auf den Keks.“ Die Eule schaut verwundert zu ihm hoch. „Was hast du denn gegen den Wind? Da kann man sich wunderbar durch die Luft tragen lassen, ohne auch nur einen Flügelschlag zu machen!“ Leopold schaut auf seinen dicken Bauch hinunter. „Das kannst du vielleicht, aber Bären sind nun mal nicht gerade flugtauglich!“ Die Eule kratzt sich am Ohr. „Entschuldige, ich vergaß“, sagt sie und überlegt heftig. „Wie wäre es, wenn du zusammen mit Konrad, Jonas und Jasper zu mir kommst?“, fragt sie ihn nach einer Weile. „Ich glaube, ich weiß da ein Mittel gegen schlechte Herbstlaunen. Sagen wir, morgen Früh gegen neun.“ Pünktlich sind die vier Bären am nächsten Morgen an Eules Eiche. Da sehen sie vier bunte Papierdrachen stehen. Für jeden einen. Die Eule kommt aus dem Gebüsch hervor. „So, jetzt zeigen wir Leopold mal, dass der Herbst auch Spaß machen kann!“, lacht sie, und zusammen laufen sie zur großen Wiese. Alle sind begeistert. Der Wind pfeift ihnen nur so um die Ohren, aber schon bald schweben alle vier Drachen hoch am Himmel wie bunte Blätter.

Oje, die Schnüre haben sich verheddert. Wem gehört nun welcher Drachen? Folge den Schnüren, und male für jeden Bären sein T-Shirt und seinen Drachen in derselben Farbe an.

Ebärhard Bär feiert

In der Bärenhöhle von Konrad, Jasper und Jonas klingelt das Telefon. „Ich geh schon ran!", ruft Konrad. Es ist Paul. Er hat gute Nachrichten. „Stellt euch vor, Ebärhard Bär hat gerade bei mir angerufen. Er ist aus dem Urlaub zurück und macht eine große Fete!"
„Wer ist denn dran?", ruft Jasper dazwischen. „Ist es für mich?" Jetzt kommt auch Jonas dazu. Konrad fuchtelt mit dem Hörer umher.
„Jetzt seid doch mal ruhig, es ist Paul. Und er sagt, dass Ebärhard Bär jetzt eine Trompete hat – oder so."
„Kann er denn so was überhaupt spielen?", fragt Jasper und versucht, sich den Hörer zu angeln. Schon hat er ihn erwischt. „Hallo Paul! Hier ist Jasper, was ist denn mit der Trompete von Ebärhard? Ich habe ja gar nicht gewusst, dass er ein Instrument spielen kann!"
„Kann er auch nicht!", ruft Paul verzweifelt. „Ich sagte, er macht ein Fest!"
„Ebärhard hat gar keine Trompete", verkündet Jasper, während er den Hörer weiterreicht. „Er wohnt jetzt in einem Nest."
„Seit wann wohnt denn Ebärhard in einem Nest?", will Jonas von Paul wissen. „Der ist doch gar nicht schwindelfrei! Und außerdem hat er doch eine so schöne Höhle!"
Nun wird es Paul aber zu dumm.
„Jetzt lasst mich doch einmal in Ruhe was sagen!", schreit er laut.
„Psst, seid mal leise", flüstert Jonas.
„Ich glaube, Paul ist sauer ...!"

Endlich kann Paul alles erzählen: Keine Trompete und kein Nest, sondern ein großes Fest. Und zwar heute Abend bei Ebärhard in der Höhle. Die drei Bären sind begeistert. Als sie abends loslaufen wollen, sagt Jonas: „Wir nehmen am besten den rechten Weg!"
„Aber niemals!", ruft Jasper. „Da drüben links ist der richtige Weg!"
Und Konrad sagt: „So ein Quatsch! Ich gehe immer den mittleren Weg!"

Welcher Weg führt zu Ebärhard Bär?

Der große Flohmarkt

Ebärhard Bär ist auf dem Weg zu Jakob Biber. Im Rucksack trägt er seine neuen Inline-Skates. Sie wollen heute zusammen eine Runde durch den Wald fahren. Jakob ist am Ufer. Er schleppt eine alte Stehlampe unter die Weide am Fluss.

„Machst du dir eine neue Leseecke unter dem Baum?“, fragt Ebärhard.
„Von wegen!“, schnauft Jakob. „Ich habe kaum noch Platz in meinem Bau. Und diese Lampe steht mir nur im Weg. Aber sie ist viel zu schön zum Wegschmeißen! Du weißt nicht zufällig, wer gerne so eine Lampe hätte?“
Ebärhard überlegt. „Mmh, jetzt, wo du es sagst – ich glaube, dass Leopold eine Lampe sucht. Wir können ihn ja mal fragen!“
Sie ziehen ihre Inline-Skates an und machen sich auf den Weg zu Leopold. Zum Glück ist er zu Hause.
„Eine Lampe, das wäre wunderbar!“, strahlt Leopold. „Aber kann denn jemand von euch vielleicht einen Hocker brauchen?“
Jakob winkt ab. „Nee, bloß nicht. Ich würde lieber noch mehr Sachen loswerden! Aber ich habe da eine Idee: Wir könnten einen Flohmarkt veranstalten. Da kann dann jeder mit jedem Sachen tauschen!“
Leopold und Ebärhard finden die Idee großartig. Gemeinsam ziehen sie los und erzählen es allen anderen Tieren: Samstag ist Flohmarkt bei Jakob am Ufer.
Am frühen Samstagmorgen trudeln die Ersten schon ein. Und was es nicht alles gibt: einen Schaukelstuhl, einen Sonnenschirm, ein Küchenbüffet, Gummistiefel, Lampions, Kuchenformen, Bücher aller Art, einen Hocker und vieles mehr! Es ist urgemütlich am Ufer. Die Sonne scheint, es wird erzählt und getauscht, und Jakob verteilt Erdbeerlimonade. Nur Leopold schaut etwas unglücklich: Er findet im ganzen Wirrwarr die Stehlampe von Jakob nicht mehr!

Kannst du ihm beim Suchen helfen? Danach kannst du das Bild anmalen.

Wandertag

Einmal im Jahr machen Jasper, Konrad und Jonas mit all ihren Freunden eine Wanderung. So richtig mit Rucksack, Wanderschuhen und Wasserflasche. Treffpunkt ist um acht Uhr im Bärenhaus. Dort gibt es erst ein gemeinsames Frühstück, denn wer wandert schon gerne mit leerem Magen?
Leopold ist sehr früh da. Er kann kaum erwarten, dass es losgeht. Er studiert schon beim Frühstück die Wanderkarte und überlegt sich, wie sie denn am besten laufen: gleich zum großen Hügel hinauf und dann durch den Wald oder lieber erst ein Stück am Fluss entlang?
Dann ist es endlich so weit: Sie machen die Tür des Bärenhauses zu und laufen los.
„Ich freue mich schon auf die Mittagspause!", verkündet Rasmus. „Viele leckere, dicke Pfannkuchen mit Honig und Marmelade. Mmmh!" Er schleckt sich den Mund. „Ich hoffe, wir finden das Wirtshaus deiner Tante!", sagt er zu Jonas. „Nicht, dass wir uns noch verlaufen." Jonas' Tante hat nämlich eine Hütte im Wald, in der man einkehren kann. Sie backt wunderbare Pfannkuchen und macht die beste Limonade weit und breit.

„Kein Problem", sagt Jonas. „Ich war schon öfters da. Den Weg dorthin kenne ich ganz genau." Jetzt sind sie oben am großen Hügel und laufen auf den Wald zu.

„Nun müssen wir nach links", sagt Leopold.
„Von wegen!", ruft Jonas. „Wir müssen geradeaus."
„Wenn diese Karte auch nur ein bisschen stimmt, müssen wir jetzt nach links!", meint Leopold.
Jonas schüttelt energisch den Kopf. „So 'n Quatsch!", schreit er. „Ich werde ja wohl noch wissen, wo meine Tante wohnt, oder?" Er will Leopold die Karte aus der Hand reißen, aber der denkt gar nicht daran, sie herzugeben.

Oje! Vor lauter Zerren hat die Landkarte jetzt in der Mitte ein Loch. Welcher der drei Papierschnipsel passt hinein?

Wolkengucken

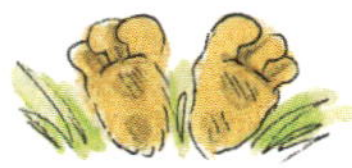

Paul Bär und Jakob Biber liegen im hohen Gras am Waldrand.
„Du, Jakob“, sagt Paul, „weißt du, wozu ich heute mal Lust habe?“
„Keine Ahnung“, sagt Jakob.
„Ich habe Lust, heute einfach mal gar nichts zu tun“, sagt Paul.
„Überhaupt nichts?“, fragt Jakob.
„Überhaupt nichts. Vielleicht sogar noch ein kleines bisschen weniger“, sagt Paul und seufzt tief.
„Schau mal!“, sagt Jakob. „Die Wolke da oben. Die sieht aus wie ein Drache.“
„Na, eher wie ein Drache mit Klumpfüßen!“, kichert Paul.

Der Wind verändert die Wolken ständig, und es entstehen immer wieder neue Formen. „Oh, da kommt ein Elefant angeflogen!“
Jakob schaut. In der Tat: Die Wolke sieht aus wie ein dicker Elefant, der am Himmel entlangrennt. „Guck mal da drüben!“
Jakob zeigt Paul einen großen Fisch. Der Wind bläst ihn aber bald fort.
„Und da! Schau!“, ruft Paul. „Da fliegt ein Ohrenbär!“
Jakob rollt auf der Wiese herum. Er kann nicht mehr vor Lachen. „So ’n Blödsinn!“, ruft er. „Ohrenbären gibt’s doch gar nicht, du Schlauberger!“
„Selber Schlaubärger!“, ruft Paul. „Ich habe ihn doch gerade vorbeifliegen sehen!“ Paul setzt sich hin.
„Es gibt Nasenbären“, sagt Jakob, „aber von einem Ohrenbären habe ich noch nie was gehört!“
Paul grinst. „Ich wette, du hast auch noch nie etwas von einem Hubschraubbär gehört. Stimmt’s?“
Jakob überlegt. Dann lacht er. „Du meinst wohl einen Hubschrauber, du Saubär!“, ruft er. Und so liegen die beiden noch lange auf der Wiese und spinnen die verrücktesten Wörter zusammen.

Es gibt viele Wörter, die aus zwei Worten zusammengesetzt sind. Auf der rechten Seite sind vier Wörter gezeichnet. Ein Wort gibt es nicht. Weißt du, welches? Hast du Lust, die Bildchen anzumalen?

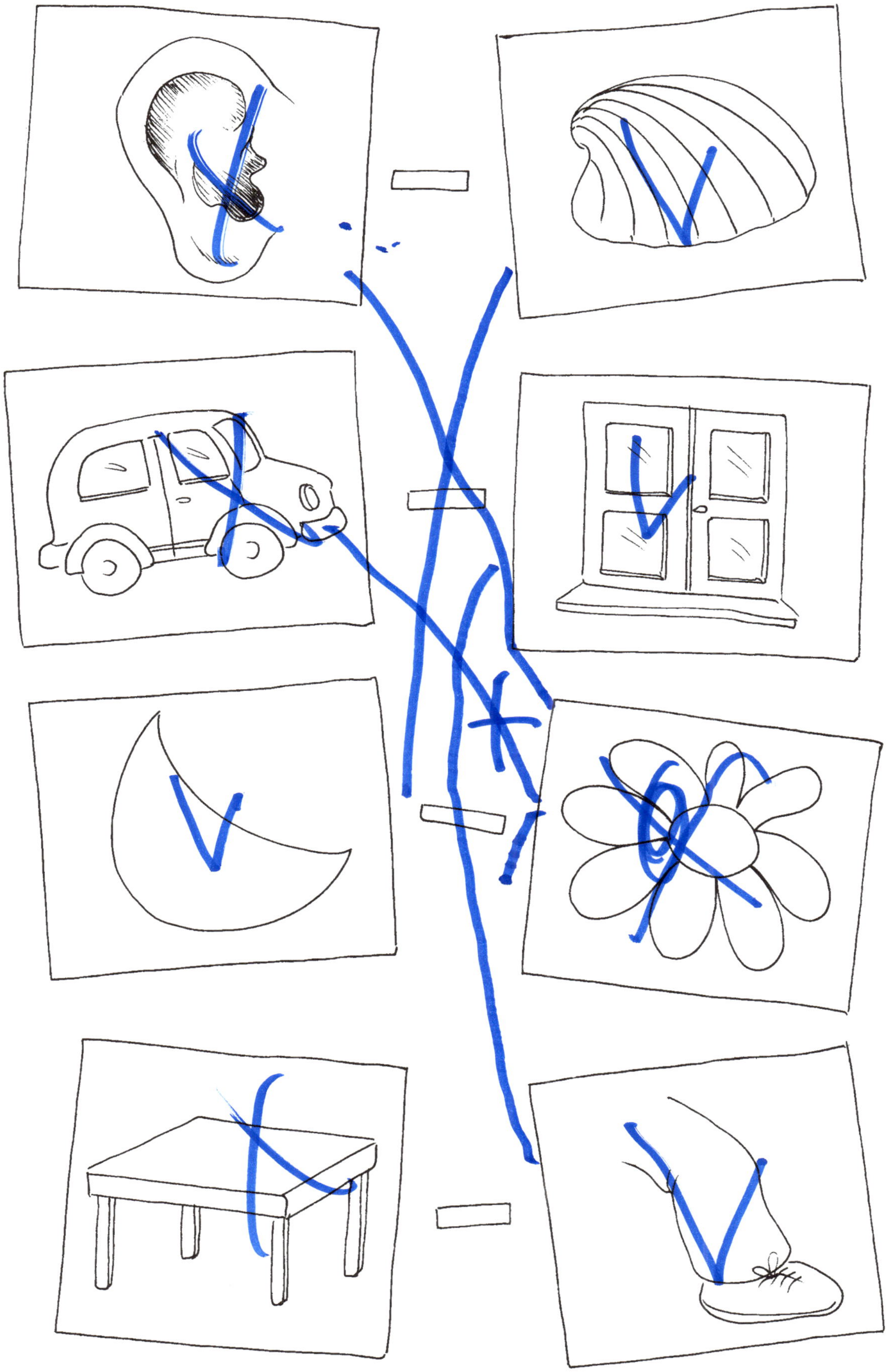

Urlaubsdurcheinander

Rasmus Dachs sitzt auf der Bank vor seinem Bau und seufzt zufrieden. Erst gestern ist er aus dem Urlaub zurückgekommen. Er ist zehn Tage bei Onkel Max gewesen. Onkel Max wohnt weit weg an einem großen See. Die Tage sind wie im Flug vergangen. Zum Glück hat Onkel Max Fotos gemacht. Die kann Rasmus sich jetzt immer mal anschauen. Gerade holt er die Fotos aus dem Umschlag, da biegen Leopold und Jasper um die Ecke.
„Ja, hallo, du bist ja wieder da!“, ruft Jasper überrascht. „Gerade haben wir überlegt, wie lange du wohl noch bei Onkel Max bleibst! War es denn schön dort?“
„Und ob!“, ruft Rasmus. „Ich habe sogar Schwimmen gelernt im großen See!“ Leopold und Jasper sind beeindruckt, denn der See, an dem Onkel Max wohnt, ist recht tief. Das weiß jeder.
„Wollt ihr Bilder sehen von meinem Urlaub?“, fragt Rasmus.
Klar wollen die beiden Bären Fotos sehen. Sie setzen sich zu Rasmus auf die Bank. Auf dem ersten Bild sieht man Rasmus, wie er aus dem Zug aussteigt mit seiner großen Tasche. Dann ein Bild von dem Dachsbau von Onkel Max.
„Gibt es auch ein Bild von dir beim Schwimmen?“, fragt Jasper.
Ja, da ist es schon: Rasmus mit Schwimmreifen, wie er mitten im See schwimmt.

„War das Wasser denn nicht kalt?“, fragt Leopold. Er kriegt schon kalte Füße beim Bilderanschauen.
„Ach wo“, sagt Rasmus, „nur am Anfang ein bisschen.“
Sie schauen sich die Bilder mehrmals an, und Rasmus erzählt, was er sonst noch erlebt hat.

Jetzt sind aber alle Bilder durcheinander geraten. Wenn du die Bilder in die richtige Reihenfolge bringst, weißt du auch, was Onkel Max und Rasmus nach dem Schwimmen gemacht haben.

MAX
DACHS

Es schneit!

Jasper wird wach und schaut auf den Wecker. Es ist acht Uhr. Jonas und Konrad liegen neben ihm im großen Bärenbett und schlafen noch tief.
Jasper überlegt: Irgendetwas ist anders als sonst, aber was? Vorsichtig schleicht er aus dem Bett in die Küche. Dort schaut er aus dem Fenster. Es schneit! Zum ersten Mal in diesem Winter liegt der Wald unter einer dicken Schneedecke.

Jasper ist begeistert. Er öffnet die Küchentür, nimmt mit beiden Händen vorsichtig einen kleinen Haufen Schnee und trägt ihn ins Schlafzimmer zu den beiden anderen.
„Aufwachen!“, ruft er laut. „Es hat geschneit!“ Er wirft den Schnee zu Jonas und Konrad ins Bett. Die beiden schießen hoch wie Raketen.
„Na warte!“, brüllt Jonas. Er zerrt ihn ins Bett und kitzelt ihn durch, bis Jasper um Gnade fleht. Jetzt sind aber alle drei richtig wach.
„Wir sollten mit dem Schlitten zum großen Hügel gehen“, schlägt Konrad vor. „Da kann man superschnell runtersausen!“
Am großen Hügel ist schon allerhand los, denn alle freuen sich über den Schnee. Die drei Bären sausen wie der Blitz den Berg hinunter. Nach einer Weile sind sie ganz aus der Puste.
„Wir können ja erst mal einen Schneemann bauen“, meint Jasper.
„Ich weiß nicht“, überlegt Konrad. „Das ist immer dasselbe! Wir könnten doch auch mal etwas anderes aus Schnee formen.“
„Du meinst einen Iglu oder so etwas in der Richtung?“, fragt Jonas.
„Nein, ich meine ein anderes Tier“, sagt Konrad.
Die Freunde überlegen kurz und machen sich dann an die Arbeit.

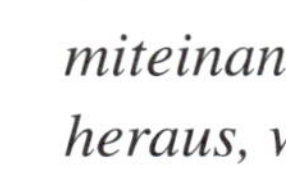

Wenn du die Punkte in der vorgegebenen Reihenfolge miteinander verbindest, findest du heraus, was für eine Figur sie aus dem Schnee geformt haben.
Male das Bild dann schön an.

Leopold hat Geburtstag

Leopold Bär schaut auf den Kalender: Noch siebenmal schlafen, dann hat er Geburtstag! Er ist schon ganz aufgeregt. Leider kann er kein Picknick machen, denn er hat im Januar Geburtstag. Da ist es noch viel zu kalt, um sich auf eine Wiese zu setzen. Und seine Höhle ist zu klein, um all seine Freunde einzuladen. Er grübelt vor sich hin. Vielleicht sollte er die Eule mal fragen! Die hat immer so gute Ideen. Er zieht seine dicken Schuhe an und rennt zu der Eiche, in der die Eule wohnt. Zum Glück ist sie zu Hause. Aufmerksam hört sie Leopold zu.

„Ich glaube, ich habe da eine Idee“, sagt sie und kneift ein Auge zu. „Wie wäre es mit einer Nachtwanderung? Mit Fackeln im Schnee?“
„Au ja!“, ruft Leopold. „Das wäre ja toll!“ Er überlegt. „Aber wo sollen wir denn hinwandern?“
„Das lass mal meine Sorge sein“, lacht die Eule. „Das wird eine Überraschung!“
Noch am selben Tag lädt Leopold all seine Freunde ein. Und dann ist es so weit: Am Abend seines Geburtstages stehen alle vor seiner Tür und gratulieren ihm. Wunderschöne Geschenke bekommt er: Jasper hat ihm sogar ein Bild gemalt! Dann laufen sie los. Sie folgen den roten Bändern, die die Eule am Wegrand hingehängt hat. Der Schnee glitzert im Mondlicht. Sie laufen und laufen. Und staunen nicht schlecht, als sie plötzlich wieder vor Leopolds Höhle stehen. Was ist denn hier passiert? Überall hängen Lampions, und vorne steht die Eule hinter einem Tisch mit Kuchen und heißem Punsch!
„Herzlichen Glückwunsch!“, ruft die Eule. „Kommt her, und greift zu!“ Das lässt sich keiner zweimal sagen.

Es wird ein lustiger Abend, wie man auf dem Foto sieht. Bei einem Abzug haben sich aber sieben Fehler eingeschlichen. Siehst du, welche?

Plätzchenbacken

Ebärhard kommt völlig verschneit bei Jasper, Jonas und Konrad zur Tür herein und hängt seine Mütze an die Garderobe. Er setzt sich zu den dreien an den Küchentisch.
„Langweilt ihr euch?“, fragt er.
„Mmh, irgendwie schon“, sagt Jasper und zieht einen Flunsch.
„Wie wäre es mit einer Schneeballschlacht?“, fragt Ebärhard.
„Haben wir schon gemacht ...“, sagt Konrad.
„Und was ist mit Quartettspielen?“, fragt Ebärhard.
„Haben wir doch auch schon gemacht ...“, seufzt Jonas.
„Vielleicht eine Runde Memory?“
„Ach, keine Lust!“ Jasper seufzt tief.
„Und wie wäre es mit Plätzchenbacken?“, fragt Ebärhard. „Es ist doch bald Weihnachten!“
„Ja, Plätzchen backen!“, rufen die drei. „Das ist toll!“
„Wir könnten ja den anderen auch Bescheid sagen“, schlägt Jonas vor.
„Ich habe die beste Idee!“, ruft Jasper. „Wir laden alle für morgen zum Übernachten ein. Erst backen wir Plätzchen, und dann spielen wir abends Memory und essen zusammen! So muss keiner mehr abends durch den Schnee laufen.“
Jeder zieht sich schnell an und geht los, um den anderen Bescheid zu sagen.
Am nächsten Mittag ist es voll im Bärenhaus. In der Küche wird schon fleißig gearbeitet.
„Wo ist denn eigentlich Leopold?“, fragt Jonas. „Komisch, dass der immer noch nicht da ist. Ich schaue mal bei ihm vorbei!“ Jonas findet Leopold zu Hause. Er sitzt auf einem riesigen Koffer. „Mein Koffer geht nicht zu“, sagt er unglücklich. „Kannst du mir helfen?“

Jonas schaut. „Brauchst du denn das alles? Ich glaube, du hast zu viel eingepackt. Zeige doch mal, was du alles mitnehmen willst!“

Welche Sachen braucht Leopold denn gar nicht einzupacken? Weißt du, welche es sind? Kreise sie ein, und male das Bild an!

Im Kindergarten

Ein Platz für Möwe Kira

Die Kinder stürmen in den Kindergarten. „Heute wollen wir basteln“, sagt Michaela, die Kindergärtnerin. Jedes Kind bekommt einen großen Bogen Packpapier, eine Schere, Buntstifte und Klebstoff.
Tim schaut zum Fenster hinaus. „Auf der Schaukel schaukelt so ein dicker Vogel!“, ruft er aufgeregt und breitet die Arme ganz weit aus. Dann flüstert er Simon ins Ohr: „Komm, wir basteln eine dicke Möwe.“

Tim und Simon schneiden und falten, kleben und malen. Dann ist die Möwe fertig.
„Die ist aber schön“, staunt Michaela. „Wie heißt die Möwe denn?“
Tim überlegt. „Kira!“, sagt er.
Tim und Simon halten Möwe Kira an den Flügeln fest und laufen mit ihr durch den Raum.
„Flieg, Möwe, flieg!“, ruft Simon. Die anderen Kinder schauen zu. Plötzlich bewegt Möwe Kira die Flügel. Sie schwingen auf und ab. Und zwinkert sie nicht auch frech mit den Augen? Tim und Simon lassen die Möwe los. Tatsächlich, sie fliegt hoch und höher. Sie kreist über den Köpfen der Kinder und schreit: „Kri, kri, kri!“
Dann taumelt sie mit dem Schnabel gegen die Wand und landet auf dem Bücherschrank. Die Kinder klatschen begeistert in die Hände.
„Das ist ein guter Platz für eure Möwe“, findet die Kindergärtnerin. „Kri“, sagt die Möwe Kira, „aber es gibt bestimmt noch mehr zu sehen.“ Und schon flattert sie auf zum ersten Abenteuer.

Wohin ist Möwe Kira geflogen? Kannst du sie finden? Verbinde die Symbole in der richtigen Reihenfolge. Dann kannst du das Bild farbig anmalen.

Das lustige Butterbrot

„Frühstückspause“, ruft die Kindergärtnerin. Die Kinder laufen zu ihren Taschen und ziehen die Butterbrotdosen heraus.
„Mmh! Ich habe heute eine Möhre, einen Apfel und Schokolade dabei“, sagt Ellen.
„Und ich habe zwei Müsliriegel und fünf Erdbeeren“, freut sich Diana.
„Und was hast du?“, will Alessandro von Carolin wissen.
Carolin verzieht das Gesicht. „Ein total blödes Butterbrot“, schimpft sie.
„Zeig mal“, sagen die anderen Kinder. Carolin schiebt ihre Butterbrotdose in die Mitte des Tisches, sodass alle Kinder hineinschauen können.
Da kommt Möwe Kira angeflogen. „Kri“, schreit sie laut und stupst mit dem Schnabel ans Butterbrot. „Ich habe auch Hunger.“
Da klettert das Butterbrot aus der Dose und hüpft ein Mal quer über den Tisch. Kira klatscht mit den Flügeln und singt: „Kri, kri, kri!“ Und das Butterbrot fängt an zu tanzen.
Jetzt klatschen auch die Kinder begeistert in die Hände und singen. Das Brot stellt sich auf die Rinde und schraubt sich mit einer gekonnten Drehung hoch in die Luft.
„Hast du heute gar nichts zu essen?“, will Michaela wissen, als sie Carolins leere Butterbrotdose sieht. Die Kinder lachen.

„Doch“, sagt Carolin, „ich hatte ein ganz lustiges Butterbrot. Aber das ist weggetanzt.“

Wohin ist das Butterbrot getanzt? Kannst du es finden? Huch, Diana sind fünf Erdbeeren davongekullert. Weißt du, wohin?

Pyjama-Diana

Alle Kinder spielen draußen in der Sonne. Nur Diana sitzt in der Ecke auf dem Boden und macht ein Puzzle. Sie hat die Beine eng an die Brust gezogen und ist ganz ins Spiel vertieft.
„Kri“, sagt Möwe Kira. „Warum spielst du nicht draußen mit den anderen?“
Diana blickt auf und grinst.
„Draußen hat's geregnet“, stellt sie fest.
„Na und?“, fragt Möwe Kira.
„Schau mich doch mal an“, sagt Diana und steht auf. Erst jetzt sieht die Möwe Kira, dass Diana gar nichts anhat. Jedenfalls nichts Richtiges. Sie ist heute im Pyjama in den Kindergarten gekommen.

Möwe Kira fliegt zu Diana und setzt sich auf ihren Kopf.
„Hallo Pyjama-Diana“, sagt Möwe Kira leise.
Diana hebt Kira von ihrem Kopf herunter und lächelt.
„Pyjama-Diana“, sagt sie, „das klingt lustig.“
„Warum hast du einen Schlafanzug an?“, fragt Möwe Kira.
Diana überlegt. „Darum eben ...“, sagt sie schließlich.
Sie hatte heute Morgen einfach keine Lust, sich anzuziehen. Da hat ihre Mutter sie so, wie sie war, ins Auto gesetzt und in den Kindergarten gefahren.
„Willst du dich jetzt anziehen?“, fragt Möwe Kira.
Diana schaut hinaus und sieht die anderen Kinder laufen, toben und springen. Sie nickt.
„Dann komm“, sagt Möwe Kira und fliegt zur Kleiderkiste.
Gemeinsam durchstöbern Diana und Kira die Kleider. Ob sie etwas Passendes finden?

Was kann Diana zum Spielen anziehen? Kreise das Richtige ein, und male das Bild bunt an.

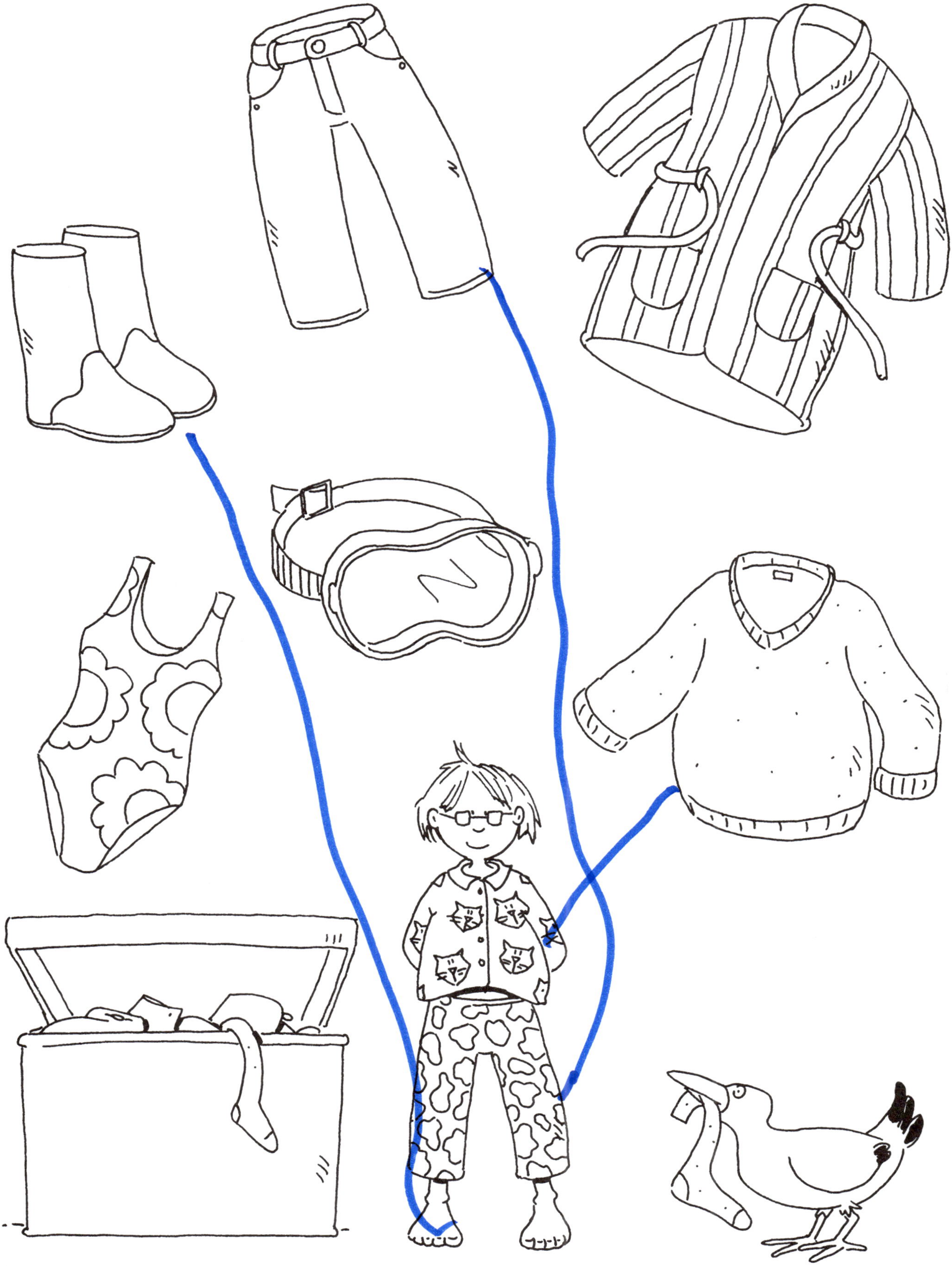

Kindergarten bei Nacht

Tim, sein Bruder Henri und die Eltern sitzen beim Abendbrot. Plötzlich springt Tim auf und ruft: „Ich habe Bärli im Kindergarten vergessen. Wir müssen ihn holen.“
Die Eltern wissen: Ohne Bärli kann Tim nicht schlafen.
„Aber der Kindergarten ist jetzt abgeschlossen“, sagt Tims Vater. „Wir warten bis morgen.“
Tim widerspricht: „Möwe Kira kann uns die Tür aufmachen.“
Die Eltern schauen sich an.
„Na gut“, sagt Tims Mutter. „Dann machen wir eben noch einen Spaziergang zum Kindergarten.“
Als die Familie schließlich am Kindergarten ankommt, liegt das rote Haus dunkel und verlassen vor ihnen.
„Und wenn Möwe Kira schon schläft?“, fragt Tim ängstlich.
Wo sonst viele Kinder toben, herrscht gespenstische Ruhe. Die Tür, tagsüber weiß und einladend, sieht jetzt grau und abweisend aus. Tim stellt sich auf die Zehenspitzen und klingelt. Doch niemand öffnet.
„Kri, kri, kri“, hört Tim da ein Rufen. Er schaut nach oben.
Möwe Kira sitzt auf der Mauer zum Kindergartenhof. Ihr Federkleid schimmert hell im Mondlicht. Und ihr gelber Schnabel leuchtet, als sie mit ihm etwas von der Mauer schubst. Bärli fällt direkt vor Tims Füße.
„Kri“, ruft Möwe Kira. „Den hast du heute vergessen.“

Tim strahlt: „Danke, Kira!“
Dann schaut er sich nochmal um. Wie anders alles bei Nacht doch aussieht.

Findest du das auch? Wenn du genau hinsiehst, kannst du fünf Unterschiede erkennen. Kreuze sie an.

Keine Spur von Möwe Kira

„Wo ist denn heute Möwe Kira?" Die Kinder schauen sich suchend um. Sie rufen laut: „Kira, wo bist du?" Doch niemand antwortet. Die Kinder laufen auf den Hof. Sie schauen unter alle Büsche im Garten, in den Schuppen und in die große Wanne im Sandkasten. Dabei rufen sie immer wieder: „Kira, wo bist du?" Doch keine Spur von Möwe Kira.

Alessandro legt eine Hand hinter das Ohr. „Seid mal leise!", fordert er die anderen auf. „Ich höre etwas." Die Kinder sind mucksmäuschenstill. „Kri, kri!", hören sie ein entferntes Rufen.
„Es kommt von oben", stellt Johannes fest. Die Kinder spähen in die Bäume.
„Da sitzt sie!" Alessandro entdeckt Kira im Kirschbaum. „Komm runter, Kira, wir wollen mit dir spielen!", ruft er.
Aber Kira bewegt sich nicht. „Kri", schreit sie nur. „Ich kann nicht kommen. Ich habe Angst."
Alessandro stellt sich unter den Kirschbaum. Er springt und bekommt den ersten Ast zu fassen. Mit den Füßen am Stamm hangelt er sich nach oben, bis er auf dem Ast sitzt. Dann richtet er sich auf. Noch ein kleines Stück, dann kann er Kira berühren. Alessandro stellt sich auf die Zehenspitzen. „Komm her, Kira", sagt er leise. „Dir passiert nichts."
Die Möwe hüpft schnell auf Alessandros Hand. „Ist sie denn weg?", will Kira wissen und lugt ängstlich ins Gemüsebeet.
Da lacht Alessandro. „Vor der brauchst du keine Angst zu haben."

Wovor hat Kira Angst? Verbinde die Symbole, und male das Bild an.

Das Festessen

Tim langweilt sich sehr.
„Mal doch etwas Schönes“, schlägt die Kindergärtnerin vor. Tim schlendert lustlos in die Malecke, kramt den Kasten mit Wasserfarben hervor und füllt Wasser in einen Becher. Er schneidet ein großes Stück Papier von der Rolle und breitet es auf dem Boden aus. Er betrachtet die Farben.
„Und was soll ich malen?“, überlegt er laut. Er rührt mit dem nassen Pinsel in der Farbe Blau und lässt sie in dicken Tropfen aufs Papier klecksen. „Jetzt kommt Rot an die Reihe“, sagt er und kleckst dazu wild auf dem Papier herum. „Es regnet Ketschup“, singt er.
„Ketschup?“, fragt Möwe Kira aufgeregt. „Ich liebe Ketschup!“ Sie landet mitten in einem roten Farbklecks.
Tim stöhnt: „Oh Kira, du machst mein Bild kaputt!“
Möwe Kira schaut sich um. „Was für ein Bild? Ich denke, hier gibt es Ketschup!“
Tim schüttelt den Kopf. „Ja, und du stehst mittendrin.“
Möwe Kira schaut auf ihre Füße, dann hüpft sie ein Stück weiter, direkt in die blaue Farbe hinein. „Und was ist das?“
Tim überlegt. „Blaue Limonade.“
„Mmh“, macht Kira. „Jetzt bin ich aber dran.“ Möwe Kira taucht ihren Schnabel tief ins Wasser, dann ins Gelb. Mit der Schnabelspitze kratzt sie über das Papier und malt dicke und dünne, lange und kurze Striche.

Endlich ist sie fertig. „Das reinste Festessen. Heiß und salzig schmecken sie am besten“, verkündet sie stolz.
„Stimmt“, sagt Tim.
Er hängt das Bild zu den anderen Bildern an die Wand.

Welches Bild haben Tim und Kira gemalt? Kreuze es an. Was hat Möwe Kira gemalt?

Simon hat Geburtstag

Als die Tür aufgeht und Simon seinen Kopf hereinsteckt, fliegt Möwe Kira gleich herbei.
„Simon, du hast Geburtstag!“, schreit sie fröhlich. „Wie alt bist du jetzt?“, will sie wissen.
Simon zeigt es mit den Fingern. Aber Möwe Kira kann nicht zählen.
Michaela setzt Simon eine Krone auf. Sie ist goldglänzend, und vorne drauf steht eine große rote Zahl.
„Wie alt bist du geworden?“, fragt Möwe Kira wieder.

Simon zeigt stolz auf die Zahl an der Krone. Aber Möwe Kira kann nicht lesen.
Simon strahlt vor Glück. Auf dem Frühstückstisch steht ein brauner runder Schokoladenkuchen mit Kerzen. Den hat seine Mama gebacken. Dazu gibt es Milch und Kakao.
„Bevor wir den Kuchen essen, singen wir ein Geburtstagslied“, sagt Michaela. „Setzt euch alle hin.“
Die Kinder stürmen an die Tische. Tim darf neben Simon sitzen, und Möwe Kira fliegt auf die Krone.
Als es still ist, fängt Möwe Kira an zu singen: „Happy birthday to you, Marmelade im Schuh. Happy birthday, lieber Simon, happy birthday to you.“
Die Kinder klatschen und lachen über das lustige Lied. Möwe Kira freut sich sehr über den Beifall.
Dann sagt die Kindergärtnerin: „Jetzt zünden wir die Kerzen auf dem Kuchen an. Wer weiß, wie viele es sind?“
Da meldet sich Carolin und zählt.

Kannst du die Kerzen zählen? Dann weißt du, wie alt Simon geworden ist. Male das Bild in deinen Lieblingsfarben an.

4

Benjamin sucht seine Mütze

Benjamin baut sich wütend vor Thomas auf. „Gib mir sofort meine Mütze wieder", sagt er.
Thomas lacht. „Ich habe deine Mütze nicht."
Das kann Benjamin nicht glauben. Den ganzen Morgen über hat Thomas ihn wegen seiner Mütze geärgert. Schon als er hereingekommen ist, hat Thomas mit dem Finger auf ihn gezeigt und gerufen: „Mit der Mütze auf dem Kopf sieht er aus wie 'n Blumentopf."
Und jetzt ist seine Mütze verschwunden, einfach weg, unauffindbar.
Benjamin ist traurig. Die Mütze war so schön und so warm und so weich. Oma hat sie selbst gestrickt und ihm zu Weihnachten geschenkt. Eine dicke Träne kullert über Benjamins Wange.
Da geht Thomas zu Benjamin.
„Soll ich dir suchen helfen?"
Benjamin nickt.
„Am besten suchen wir alle zusammen", sagt die Kindergärtnerin und streichelt Benjamin über den Kopf.
Benjamin wischt sich die Tränen aus dem Gesicht.
Endlich ruft Malsa: „Ich habe die Mütze gefunden. Kira hat sich ein Nest damit gebaut."

Michaela schüttelt ungläubig den Kopf. Sie geht zu Malsa hinüber, die vor dem Bücherschrank auf einem Stuhl steht.

„Gib mir bitte die Mütze", sagt die Kindergärtnerin. Gerade will Malsa Möwe Kira aus der Mütze heben, da flattert die Möwe auf und davon. In ihrem Schnabel hält sie Benjamins Mütze.
„Ja, wo fliegt sie denn jetzt mit der Mütze hin?", will Michaela wissen.

Findest du die freche Möwe Kira mit Benjamins Mütze auf dem Bild gegenüber?

Tolle Tiere

„Hier ist der Zoo“, sagt Thomas. Mit Stöcken und Steinen steckt er ein Viereck im Sandkasten ab.
„Darf ich mitspielen?“, fragt Möwe Kira.
Malsa schüttelt bedauernd den Kopf und kippt viele kleine Gummitierchen auf den Boden.
„Nein. Es dürfen nur ganz tolle Tiere in den Zoo.“
Thomas greift in den Haufen mit Gummitieren. „Geparde sind die schnellsten Säugetiere der Welt“, sagt er und stellt einen Gepard in ein Gehege mit kleinen Bäumen.
„Und der Eisbär ist eines der stärksten Raubtiere der Welt“, weiß Malsa.
Sie stellt den Eisbären auf ein Stück Holz, das in einer Pfütze schwimmt. „Das ist eine Eisscholle“, sagt sie.
„Und dieser Blauwal ist das allergrößte Tier überhaupt“, sagt Thomas. „Dieser Eimer ist sein Riesenaquarium.“
„Kri“, schreit Möwe Kira. „Ich bin doch viel größer.“
Thomas verdreht die Augen. „Aber doch nicht in echt, Kira. In Wirklichkeit ist ein Blauwal so groß wie der Kindergarten.“
Möwe Kira stakst aufgeregt im Sand herum. „Dafür kann ich ganz viele Fische fressen.“
Malsa schüttelt wieder den Kopf. „Das ist doch nichts Tolles. Das können viele Vögel.“
Möwe Kira hüpft auf und ab. „Aber ... aber ...“, stottert sie entrüstet. Dabei stößt sie alle Zootiere um. „Aber ich bin die umwerfendste Möwe der Welt!“, lacht Kira.

„Na gut. Du darfst mitspielen“, sagt Thomas. „Aber zuerst musst du hier aufräumen und die Tiere wieder an ihren Platz stellen.“

Kannst du Kira helfen? Wo kommen die Tiere hin? Verbinde, was zusammengehört, und male das Bild besonders schön an.

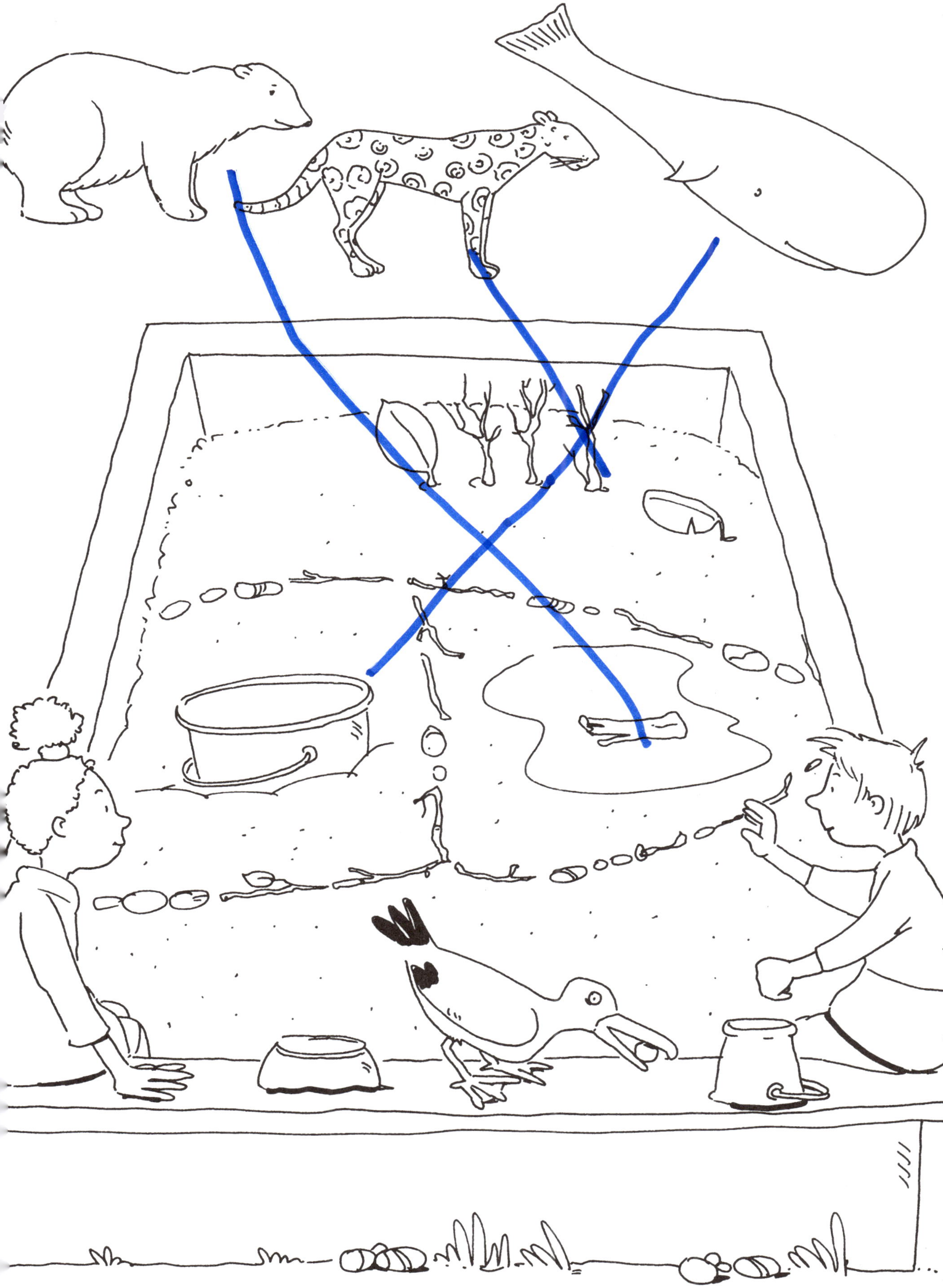

Erntezeit

„Heute können wir ernten“, sagt Michaela zu den Kindern. Sie zeigt auf die Johannisbeersträuche. Jedes Kind bekommt einen Eimer, um darin die abgepflückten Früchte zu sammeln.

Möwe Kira will auch helfen. Mit einem Eimer um den Hals flattert sie aufgeregt auf die Sträucher zu und pickt eifrig auf die Johannisbeeren ein.
Aber keine einzige landet in ihrem Eimer.
„Kira!“, schimpft Alessandro mit der Möwe. „Du darfst die Johannisbeeren doch nicht alle essen. Wir wollen Pfannkuchen mit ihnen machen.“
„Pfannkuchen“, denkt Möwe Kira, „mag ich nicht.“
Alessandro zeigt Möwe Kira, wie sie die Johannisbeeren pflücken soll. Möwe Kira strengt sich an, alles richtig zu machen. Aber immer wieder landen die leckeren roten Kügelchen in ihrem Möwenmagen und nicht im Eimer.
„Kira“, beschließt Alessandro, „so geht das nicht.“ Er nimmt der Möwe den Eimer weg und trägt sie ans andere Ende des Hofs. „Du bleibst hier auf der Turnstange sitzen, bis ich dich hole.“
Möwe Kira nickt. Aber als Alessandro weg ist, kann sie nur noch an eines denken: an rote, leckere Johannisbeeren. Ihr läuft das Wasser im Schnabel zusammen.
Möwe Kira schmiedet einen Plan. Sie wird ihren streng geheimen Geheimweg durch Bäume, Büsche und Sträucher fliegen, schnell ein paar Johannisbeeren pflücken und dann zum Fressen ab ins Nest sausen.
Möwe Kira stößt sich ab. Einen Moment lang muss sie überlegen. Wo war noch mal der Geheimweg?

Zeichne den richtigen Weg auf der Seite gegenüber ein.

Rätselauflösungen

Seite 6/7
Hast du es erkannt? Das Picknick findet auf der Picknickdecke unter dem großen Apfelbaum am See hinter Willi Warzenschweins Haus statt.

Seite 8/9

Seite 10/11
Die Situationen in den eckigen Sprechblasen stimmen nicht: fliegender Wal und Glockenblumen.

Seite 12/13
Polli hat Recht: Die Freunde müssen geradeaus gehen.

Seite 14/15
Polli braucht den Bikini, den Schwimmreifen, den Eimer mit Sandförmchen, den Schnorchel und das Handtuch.

Seite16/17

1. Polli macht die Tür auf, und Gerda und Willi kommen.
2. Gerda und Willi sitzen am Tisch, und Konrad kommt mit Luftballons.
3. Alle warten auf Erwin.
4. Polli fällt die Torte in den See.
5. Erwin kommt mit zwie großen Kuchenschachteln.
6. Die Freunde spielen Sackhüpfen.

Seite 18/19
Diese Ameise hat keinen Zwillingspartner:

Seite 20/21

Seite 22/23
Polli entdeckt einen Papageien.

Seite 24/25

Seite 32/33

Seite 28/29

Seite 30/31

Ein kleiner Maulwurf hat es satt, dass ihm ständig Murmeln auf den Kopf fallen.

Seite 34/35

Die Kiste mit den Legosteinen kommt in das große Fach, die Kullerbahn in das mittelgroße und die Spiele in das flache mittelkleine. Die Bücher gehören in die drei kleinen Fächer ganz oben.

Seite 38/39

Philipp hat einen kleinen Hund gerettet.

Seite 40/41

Seite 42/43
Fünf Kätzchen haben sich im Baum versteckt.

Seite 44/45

Seite 46/47
In Philipps Helm sitzt ein Huhn.

Seite 48/49
Die richtige Reihenfolge der Bilder ist:

Seite 50/51

Seite 52/53

Seite 54/55
Die Polizeikelle und die Polizeimütze gehören zur Polizistin, die Motorsäge und der Scheinwerfer zum Feuerwehrmann. Das Blaulicht kann beiden zugeordnet werden.

Seite 56/57

Seite 58/59
Das Bügeleisen, das Quietsche-Entchen und die Badehose braucht ein Feuerwehrmann nicht bei der Arbeit.

Seite 60/61
Das Bild vom Feuerlöscher bleibt übrig.

Seite 62/63
Die Feuerwehr konnte zwei Enten retten.

Seite 64/65
Die richtige Reihenfolge der Bilder ist:

Seite 66/67
Der Hauptgewinn ist ein Spielzeug-Feuerwehrauto.

Seite 70/71
Die Federtasche, den Hammer, die Gießkanne, den Hut und den Teddy braucht man nicht zum Kochen.

Seite 72/73
Das Rad ist zwischen die Sonnenblumen gerollt.

Seite 74/75

Seite 76/77
Auf Jaspers Bild sieht eine Schaufel aus wie ein Kochlöffel. Das Stern-Förmchen ist oben lila und an den Seiten grün. An einem Fuß ist ein Zeh zu viel, und eine Bärennase ist verkehrt herum. Die kleine Harke hat nur vier Zacken. Das rote Förmchen ist rund. Am blauen Eimer fehlt der Tragehenkel, und das orangene T-Shirt mit den weißen Kreuzen hat auf Jaspers Bild weiße Punkte.

Seite 78/79

Seite 80/81
Beim gelben Schal mit den orangen Sternchen fehlt die passende Mütze.

Seite 82/83

Seite 84/85

Seite 86/87

Seite 88/89

Der Ausschnitt links oben passt genau in das Loch in der Karte.

Seite 90/91

Es gibt keine Mondblume. Die anderen Wörter sind: Ohrmuschel, Autofenster und Tischbein.

Seite 92/93

Nach dem Schwimmen sind Onkel Max und Rasmus Eis essen gegangen.

Seite 94/95

Die Freunde haben einen Schneehasen gebaut.

Seite 96/97

Seite 98/99

Leopold braucht die Vase, den Kreisel, den großen Besen, den Handbesen mit Schaufel, das Spagetti-Glas, die Säge und das Sparschwein nicht einzupacken.

Seite 102/103

Möwe Kira ist auf einen Baum geflogen.

Seite 104/105
Das lustige Butterbrot ist ins Aquarium getanzt.

Seite 106/107
Diana kann die Gummisstiefel, die Hose und den Pullover zum Spielen anziehen.

Seite 108/109

Seite 110/111
Die kleine Möwe fürchtet sich vor einer Vogelscheuche.

Seite 112/113
Das Bild mit den roten und blauen Klecksen und den gelben Streifen haben Tim und Kira gemalt. Die gelben Streifen sind Pommes frites.

Seite 114/115
Simon ist vier Jahre alt geworden.

Seite 116/117

Seite 118/119

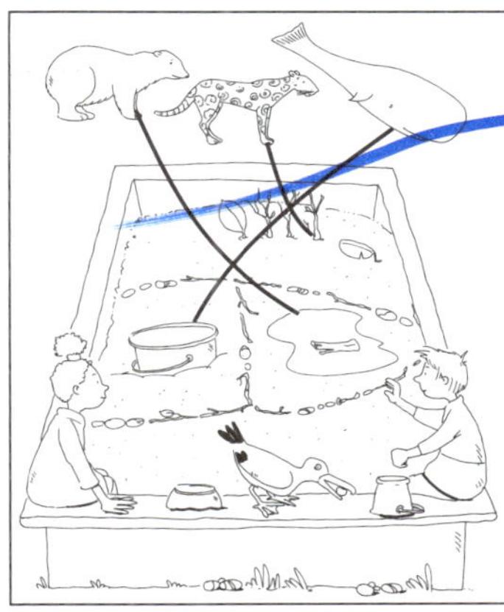

Seite 120/121

Editorische Notiz

Bei den lustigen Tieren:	Texte von Sabine Rahn Illustrationen von Sigrid Leberer
Unterwegs mit der Feuerwehr:	Texte von Udo Richard Illustrationen von Katharina Wieker
Drei Bärenfreunde:	Texte und Illustrationen von Hermien Stellmacher
Im Kindergarten:	Texte von Barbara Zoschke Illustrationen von Dorothea Tust